T0129797

essentials

essentials liefern aktuelles Wissen in konzentrierter Form. Die Essenz dessen, worauf es als „State-of-the-Art" in der gegenwärtigen Fachdiskussion oder in der Praxis ankommt. *essentials* informieren schnell, unkompliziert und verständlich

- als Einführung in ein aktuelles Thema aus Ihrem Fachgebiet
- als Einstieg in ein für Sie noch unbekanntes Themenfeld
- als Einblick, um zum Thema mitreden zu können

Die Bücher in elektronischer und gedruckter Form bringen das Expertenwissen von Springer-Fachautoren kompakt zur Darstellung. Sie sind besonders für die Nutzung als eBook auf Tablet-PCs, eBook-Readern und Smartphones geeignet. *essentials:* Wissensbausteine aus den Wirtschafts-, Sozial- und Geisteswissenschaften, aus Technik und Naturwissenschaften sowie aus Medizin, Psychologie und Gesundheitsberufen. Von renommierten Autoren aller Springer-Verlagsmarken.

Weitere Bände in der Reihe http://www.springer.com/series/13088

Martin W. Angler

Journalistische Praxis: Science Blogging

Eine praktische Anleitung

 Springer VS

Martin W. Angler
Bozen, Italien

ISSN 2197-6708   ISSN 2197-6716   (electronic)
essentials
ISBN 978-3-658-32088-1   ISBN 978-3-658-32089-8   (eBook)
https://doi.org/10.1007/978-3-658-32089-8

Die Deutsche Nationalbibliothek verzeichnet diese Publikation in der Deutschen Nationalbibliografie; detaillierte bibliografische Daten sind im Internet über http://dnb.d-nb.de abrufbar.

Planung/Lektorat: Barbara Emig-Roller
Springer VS ist ein Imprint der eingetragenen Gesellschaft Springer Fachmedien Wiesbaden GmbH und ist ein Teil von Springer Nature.
Die Anschrift der Gesellschaft ist: Abraham-Lincoln-Str. 46, 65189 Wiesbaden, Germany

Was Sie in diesem *essential* finden können (fünf aussagekräftige Bullet Points)

- Wie Blogs Wissenschaft näher an die Gesellschaft bringen
- Blogs planen
- Baupläne für Online-Wissensgeschichten
- Struktur- und Stiltechniken zum besseren Online-Schreiben
- Publizieren und Promoten

Für Daniela, Valentina, Valeria, Rachel, Barbara, Anna, Jutta, Petra, Martina und Annelie.

Vorwort

Wissenschaft darf nicht mit der Veröffentlichung der Forschungsergebnisse in Fachzeitschriften aufhören, denn dort erreicht sie nur ein ein sehr kleines Expertenpublikum. In puncto Reichweite, Geschwindigkeit und Interaktion sind Blogs als Sprachrohr der Forscher unschlagbar. Was für ein besseres Medium könnte es geben, um Wissenschaft endlich aus dem Elfenbeinturm zu holen?. Dieses Buch ist Teil der Reihe „Journalistische Praxis". Lesen Sie unbedingt auch diese beiden Titel der Reihe: „Wissenschafts-Journalismus" von Winfried Göpfert und „Online-Journalismus" von Herausgeberin Gabriele Hooffacker, das gerade in der fünften Auflage erschienen ist.

Martin W. Angler

Inhaltsverzeichnis

Über den Autor

Martin W. Angler ist freier Wissenschaftsjournalist und hält Workshops über Science Blogging, Social Media und Storytelling-Techniken für Wissenschaftler und Medienmenschen. Er schreibt Lehrbücher über Wissenschaftsjournalismus und Storytelling. So gerne er das auch macht: Herzensangelegenheit bleibt das Genießen, Ausgraben und Aufschreiben wahrer Geschichten aus der Wissenschaft. Und Katzen.

Warum Bloggen? 1

Wissenschaft dreht sich nicht nur um sich selbst

Die Corona-Krise hat gezeigt, wie viel Aufklärungsarbeit Wissenschaft in der Gesellschaft zu leisten hat. Beweise und harte Fakten reichen für nicht aus, um Verschwörungstheoretiker, Wissenschaftsskeptiker und andere Zweifler umzudrehen. Dafür bieten sich in aller Regel Storytelling-Techniken an. Das ist der qualitative Aspekt: Mit den richtigen Techniken lässt sich komplexe Wissenschaft so verpacken, dass sie nicht nur verständlich übermittelt wird, sondern den Lesern auch im Gedächtnis bleibt (Angler 2020b). Quantität zählt aber auch. Wenn wissenschaftliche Erkenntnisse nicht wieder in irgendeiner Form die Gesellschaft einfließen, sind sie zwar nicht umsonst, aber gewissermaßen *szientozentrisch*. Traditionell misst sich Wissenschaft anhand der Anzahl von Zitaten, aus der eine Vielzahl von Metriken entstehen, so wie der *h-Index* oder der *Journal Impact Factor*. Tatsächlich werden 12 % der medizinischen Fachartikel nicht zitiert, 27 % der naturwissenschaftlichen, 32 % der sozialwissenschaftlichen und ganze 82 % der geisteswissenschaftlichen. Diese Zahlen dienen zwar dem Ranking der Wissenschaftler untereinander, sie sagen aber nichts über den gesellschaftlichen Einfluss der Forschung auf die Gesellschaft aus. Akademische Karrieren und Fördergelder hängen oft daran, wie häufig ein Autor zitiert wird und wie wichtig die Fachjournals sind, in denen besagter Autor publiziert. Das ändert sich mit Online-Medien. Jedes Mal, wenn online ein Fachartikel erwähnt wird, beispielsweise auf Twitter, Facebook, in Blogbeiträgen, in erlassenen Richtlinien und in Online-Nachrichtenportalen, dann erfassen automatische Systeme diese Nennung und addieren sie zu einer neuen Art von Metriken, den *Altmetrics*. Altmetrics (von: *alternative metrics*) sind eine neue Online-Ergänzung zu den etablierten

© Der/die Autor(en), exklusiv lizenziert durch Springer Fachmedien Wiesbaden GmbH, ein Teil von Springer Nature 2020
M. W. Angler, *Journalistische Praxis: Science Blogging*, essentials,
https://doi.org/10.1007/978-3-658-32089-8_1

Metriken. Sie bewerten das Maß, in dem Forschung bei der Gesellschaft ange-
langt. Damit nimmt die Wissenschaft ihre Rolle in der Gesellschaft stärker wahr
und bekommt dafür auch einen Anreiz. Tatsächlich haben große Verlagshäuser
wie Elsevier, Taylor & Francis und Springer in den letzten Jahren begonnen, diese
Zahlen auf den Webseiten für jede Publikation darzustellen.

Es hätte also durchaus Sinn, den wissenschaftlichen Goldstandard der *Scientific
Method,* also die empirische Art, neues Wissen zu erarbeiten, um Online-
Öffentlichkeitsarbeit seitens der Wissenschaftler zu erweitern. Schließlich existiert
die Methode erst seit ein paar hundert Jahren und unterlag seit ihrer Existenz
ständig Erneuerungen und Veränderungen. Wer sagt, dass die wissenschaftliche Arbeit mit der Publikation in Fachblättern beendet sein muss? Von einer
Extra-Kommunikationsebene in Form von Blogs und Social Media profitiert
die Öffentlichkeit und die Wissenschaft gleichermaßen. Die Öffentlichkeit profitiert, weil mehr authentische, unverfälschte Wissenschaft durch Fachpersonal
wie Wissenschaftler selbst oder spezialisierte Wissenschaftsjournalisten zu ihnen
durchdringt. Eine Studie von 2013 zeigt, dass die mögliche Reichweite von
Online-Medien jene traditioneller Medien bei weitem übertrifft (siehe Abb. 1.1).
Die maximal mögliche Reichweite in den USA liegt bei Twitter demnach bei
175 Mio. Lesern – was mehr als doppelt so viel ist, wie US-amerikanische überre-
gionale und Lokalzeitungen, die Zeitschrift *Scientific American,* wissenschaftliche
Konferenzen und Vorlesungen zusammen erreichen können.

Die Forschung profitiert von dieser Reichweite ebenfalls, weil sie damit
nicht nur das Verständnis in der Öffentlichkeit für ihre Forschung fördern, sondern gleichzeitig auch die Zitierhäufigkeit erhöhen. Eine US-Studie von 2011
zeigt zudem, dass Fachartikel, über die auf Twitter berichtet wird, eine um elf
Mal erhöhte Wahrscheinlichkeit haben, häufig zitiert zu werden. Ein gesteiger-
ter Bekanntheitsgrad über Blogs und Social Media für die eigene Forschung
erhöht die Wahrscheinlichkeit auf den Erhalt von Fördergeldern und wissenschaftliche Zusammenarbeit, wie mehrere Studien zeigen. Idealerweise werden
diese Werkzeuge gemeinsam eingesetzt. Die Autoren der vorhin genannten
Reichweiten-Studie behaupten, dass gute Blog-Posts auch entsprechend über
Social Media beworben werden müssen, um ihre Reichweite zu steigern.

Was treibt Wissenschaftsblogger an?

Wissenschaftsblogs sind nicht neu. Schon Anfang der 2000er Jahre ging die
Erfolgsgeschichte heute bekannter Blogs los, ausgehend von den USA. Carl Zimmer, heute bekannter Wissenschaftsautor für die *New York Times,* schrieb seine

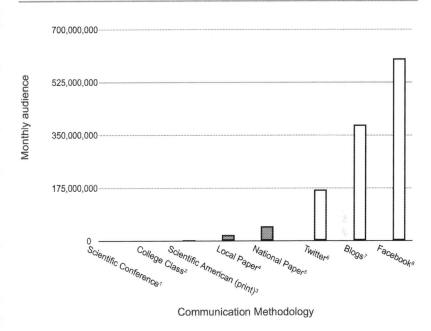

Communication Methodology

Abb. 1.1 Reichweite, angepasst aus Bik und Goldstein (2013). (Quelle: Bik H.M. und Goldstein M.C. (2013). *An Introduction to Social Media for Scientists. PLoS Biology* 11(4): e1001535)

ersten Beiträge für den Blog *The Loom,* den er in Eigenregie plante und fütterte. Später übernahm *National Geographic* Zimmers Blog, um ein Netzwerk aus Wissenschaftsblogs zu gründen. Zimmers Pioniergeist und Experimentierfreude trieben ihn an. Geld spielte dabei keine Rolle. Das ist nicht als Floskel gemeint. Im Wissenschaftsblogging steckt kaum Geld. Zwar bezahlen einige größere Publikationen wie *Wired, National Geographic* und der *Guardian* bekannte Blogger, um damit Traffic auf ihre Websites zu locken, aber die Beträge sind dermaßen gering, dass kein Mensch davon leben kann. Warum also bloggen? Für Wissenschaftler steht sicherlich eine größere Reichweite (gerne auch mit dem Unwort „Visibilität" verwechselt, das auch genauso gut szientozentrische Selbstbeweihräucherung meinen kann) auf dem Spiel – und damit auch die Aussicht auf höhere Forschungszuschüsse, eine höhere Zitierfreudigkeit der Kollegen und damit mehr Prestige in der Wissenschaftsgemeinde. Aber nicht alle Wissensblogger sind Forscher oder Akademiker. Zimmer beispielsweise hat zwar einen akademischen Abschluss, ist aber kein professioneller Wissenschaftler. Thematisch ist er ziemlich breit ausgelegt und schreibt viele Themen aus der Biologie, inklusive Parasitologie und Genetik. Medienforscher haben deshalb die Kräfte unter die Lupe genommen, die Wissensblogger antreiben. In einer Studie haben Merja Mahrt und Cornelius Puschmann 44 Wissensblogger befragt, wieso sie bloggen. Der Großteil gab als Motivation an, das Schreiben an sich zu genießen (79 %), ihr Forschungsgebiet der Öffentlichkeit präsentieren zu wollen (67 %), aber auch mit in Diskussion mit den Lesern zu treten (61 %). Diese Blogger sind zu 60 % zwischen 30 und 49 Jahre alt und zu 73 % männlich. Unter den untersuchten Blogs befinden sich auch einige aus dem Wissenschaftsblognetzwerk SciLogs.com, für das ich 2013 ebenfalls einen Blog schrieb. Die untersuchten Blogger hatten auch eine relativ klare Idee, was ihr Publikum angeht: 80 % gehen davon aus, dass Personen mit Interesse an ihrem Thema (inklusive die Öffentlichkeit, also Nicht-Experten) ihre Beiträge liest. Fast die Hälfte der Blogger geht auch davon aus, dass akademische Kollegen aus demselben Fachgebiet ihre Beiträge liest. Das deutet auf eine duale Rolle der Blogger hin: Einerseits das Führen von Wissenschaftsdebatten innerhalb der akademischen Gemeinde, und andererseits der Dialog mit der Öffentlichkeit (Mahrt und Puschmann 2013). Diese duale Rolle kann ich anekdotisch, aus meiner Erfahrung als Chefredakteur von Eurac Science Blogs, bestätigen. Teil des Planungsspiels (Kap. 2 in diesem Buch) vor dem Aufbau eines neuen Blogs ist es, die Autoren in spe dazu anzuregen, sich Gedanken über ihre Motivation und ihr Publikum zu machen. Dabei kristallisiert sich immer wieder heraus, dass sie zwischen einem Fachpublikum und der breiten Öffentlichkeit hin- und hergerissen sind.

Dass das wichtig ist, habe ich in der Zeit gelernt, als ich selbst noch über Wissenschaft gebloggt habe. Dabei bin ich auf die damalige Chefredakteurin Paige Jarreau (damals: Paige Brown) gestoßen, die etwa zwei Jahre später eine wichtige Doktorarbeit über das Wissenschaftsbloggen abgeliefert hat. Darin hat sie 51 Wissensblogger befragt, wieso sie bloggen. Als häufigsten Grund (60 % der Befragten) nannten sie das Kommunizieren von Wissenschaft an Nicht-Experten, beispielsweise mittels unbeschwerter und unterhaltsamer Beiträge. Fast die Hälfte der Blogger will die bisherige Grenze der Scientific Method, also das Publizieren in Fachjournals, überschreiten und in Dialog mit der Öffentlichkeit treten. Viele gaben auch an, Falschinformation bekämpfen zu wollen und und Falschdarstellungen in den Mainstream-Medien einen Riegel vorschieben zu wollen. Weitere Motive sind (Jarreau 2015):

- **Einflussnahme** (Steigern von Vertrauen in die Wissenschaft)

- **Korrektur und Information** (Falschinformationen und Pseudowissenschaft aufzeigen)
- **Forschung** (Interdisziplinarität fördern, wissenschaftliche Diskussionen anstoßen)
- **Schreiben** (akademisches Schreiben verlernen, persönliche Ideen teilen)
- **Portfolio** (mit Storytelling experimentieren, Schreibpraxis)
- **Öffentlichkeitsarbeit** (Bürger involvieren, Wissenschaftsalphabetisierung vorantreiben)
- **Popularisierung** (Menschen für Wissenschaft interessieren, inspirieren)
- **Selbstzweck** (sich in die Gemeinschaft einbringen, Unterhaltung)
- **Aufwertung** (Eine Nische füllen, unterrepräsentierte Themen ansprechen)

Gerade jetzt, während der Corona-Krise, ist diese Art von Aufklärungsarbeit unabdingbar. Neben der viralen, durch SARS-CoV-2 hervorgerufenen Pandemie macht noch eine zweite die Runde. Die mediale Pandemie, in der sich Falschinformationen in Windeseile rund um den Globus verbreiten. Virtuelle Verschwörungstheorien mit falschen Ursachen wie 5G oder Bill Gates als Urheber haben reale Auswirkungen. Bis Anfang Mai 2020 hatten Verschwörungstheoretiker in Großbritannien fast 80 Mobilfunksendemasten angezündet und so zerstört. Der SPD-Politiker Karl Lauterbach und die beiden Virologen Christian Drosten und Hendrik Streeck erhielten jeweils Röhrchen mit angeblichen Sars-Cov-2-Erregern und Drohbriefe dazu. Gerade deshalb müssen sich Wissenschaftler in den öffentlichen Diskurs einschalten. Ob sie dabei auch die Grenze ihrer Expertisen überschreiten dürfen, sprich: zu Themen kommentieren, in denen sie nicht als ausgewiesene Experten gelten, ist umstritten.

Geld gehört übrigens nicht zu den Motivationsfaktoren, wieso Blogger schreiben. Es gibt in der Branche schlicht und ergreifend kaum Geld zu verdienen. Laut Paige Jarreaus Studie verdienen gerade einmal 14 % der Wissensblogger überhaupt Geld. Einige größere Publikationen wie *Wired, National Geographic* und der *Guardian* haben ihre Blogger bezahlt, allerdings erhielten sie nur sehr geringfügige Beträge. Außer purem Idealismus zeichnet sich aber ein Muster ab. Gute Wissenschaftsautoren feilen während ihrer Blogging-Zeiten so effektiv an ihrem Handwerkszeug, dass sie schon währenddessen von Print- oder Online-Publikationen abgeworben werden. Science Blogging ist also eine großartige Eintrittspforte in alle Formen des Wissenschaftsjournalismus. Carl Zimmer ist über seinen Blog zum *National Geographic-, New York Times-* und Buchautor geworden.

Das Planungsspiel 2

Haben Sie die Entscheidung erstmal gefällt, einen Wissensblog zu starten, und haben Sie ein Herzensthema gefunden, so ist die Versuchung groß, einfach loszulegen. Auf Online-Plattformen wie Wordpress.com dauert es gerade einmal fünf Minuten, um einen neuen Blog einzurichten. Die Kosten dafür liegen bei Null. Gleich loszulegen ist aber immer ein Fehler. Blogs brauchen eine Planungsphase, wie jedes Projekt. Die meisten Blogger, die ohne einen Plan loslegen, geben relativ schnell wieder auf, obwohl sie extrem motiviert sind. Das liegt an einem einfachen Zusammenhang. Zum ersten ist die Konkurrenz online ziemlich groß. Es gibt unzählige Nachrichtenportale, Blogs und einfach Webseiten. In der *Blogophere* aufzufallen, ist also erst einmal nicht einfach. Wenn Sie mit einem neuen Blog starten, weiß zuerst niemand Bescheid. Auch das müssen Sie also in Betracht ziehen. Am Während die Leserschaft also anfangs gleich Null ist, ist Ihre Motivation in der Regel da am größten. Das schlägt sich in der Posting-Frequenz nieder (siehe dazu Abb. 2.1). Bis sie genügend Leser erreicht haben, ist ihre Motivation so im Keller, dass sie bereits weniger Zeit ins Bloggen stecken – und das meist dann, wenn die Zahl der Leser leicht anzieht. Ungeduld ist also Ihr größter Feind in dieser Phase.

Die Abb. 3.1 zeige ich allen aufstrebenden Bloggern in meinen Workshops. Ein Break-Even-Point ist in den Wirtschaftswissenschaften der Moment, ab dem ein neues Unternehmen profitabel wird, sprich: An dem der Gewinn die Kosten übersteigt und das Unternehmen schwarze Zahlen schreibt. Warum habe ich den Punkt in meinem Graphen „invertiert" genannt? Ganz einfach: Der Anstieg der Leser nach dem invertierten Break-Even-Punkt ist nur theoretisch. Tatsächlich geht die Anzahl der Leserschaft mit der Posting-Häufigkeit zurück. Verlieren Sie als Autor die Motivation, verlieren auch Ihre Leser die Lust, Ihren Blog zu besuchen. Damit das nicht passiert, gibt es das Planungsspiel, das ich für alle.

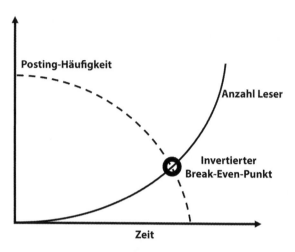

Abb. 2.1 Der invertierte Break-Even-Punkt. (Quelle: Martin W. Angler)

Ich zeige das Planungsspiel nicht nur als Übung während der Workshops. Jeder Blog, der neu entstehen soll, durchläuft diesen Prozess. Professionelles Bloggen ist ansonsten nicht möglich. Im Prinzip ist das die „kleine", informelle Variante der Planung eines Online-Magazines, allerdings ohne einen Businessplan, weil Sie beim Blogging in aller Regel keinen Profit generieren werden. Ausnahmen bestätigen die Regel: Die Wissenschaftsseite *I Fucking Love Science (IFLS)* wurde von Elise Andrew 2012 zuerst als Facebookseite aufgebaut. Heute ist sie eine der populärsten Wissenschaftsplattformen weltweit, mit mehr als 24 Mio. Likes auf Facebook.

Im Planungsspiel legen Sie alle wichtigen Punkte fest, die wichtig sind, bevor Sie sich überlegen, welche Artikel Sie überhaupt schreiben wollen. Schritt eins schaut zunächst einfach aus. Über welches Thema wollen Sie schreiben? Das kann Biologie oder Gentechnik oder Wirtschaftsentwicklungen in der Covid-19-Krise. Das ist ein guter Startpunkt, reicht aber bei weitem noch nicht aus. Denken Sie bei jedem Planungsschritt an die Leser, und versuchen Sie, die Entscheidung, warum Sie diesen Blog selbst lesen würden, aus Lesersicht nachzuvollziehen. „Biologie" ist viel zu allgemein. Was Sie brauchen, ist ein Alleinstellungsmerkmal, beispielsweise eine Perspektive, die sonst niemand hat. Was Sie brauchen, ist eine Nische, die noch niemand sonst gefüllt hat. Ansonsten ist Ihr Blog für die Leser einfach nur ein Klon anderer Blogs oder Nachrichtenportale. Hier überschneiden sich übrigens Wissenschaftsblogging und Wissenschaft selbst. In letzterer geht es

auch darum, die wissenschaftliche Diskussion aufzuwerten, indem Forschungs-
lücken geschlossen werden. Beim Bloggen sollten Sie dasselbe versuchen. Sie
müssen zur Go-To-Person werden, also zum alleinigen Statthalter Ihres Themas.
Das Alleinstellungsmerkmal kann thematisch sein, z. B. wenn Amanda Baker in
ihrem *Budding Scientist*-Blog *(Scientific American)* darüber schreibt, wie Eltern
ihre Kinder mit Wissenschaftsaffinität erziehen können. Das ist nicht einfach nur
ein weiterer Blog mit Erziehungstipps. Er hat einen klaren Fokus auf Wissenschaft. Das Spezielle an Ihrem Blog kann aber auch Ihr Stil sein. Dean Burnett
ist Neurowissenschaftler, aber auch Stand-Up-Comedian. Sein feiner Sinn für
Humor schlägt sich in allen seinen Blogbeiträgen und auch Büchern nieder. Burnett schrieb bis Ende 2018 einen Blog namens *Brain Flappings* auf der Webseite
des *Guardian*. Überlegen Sie sich also, was Ihren Blog wirklich zu *Ihrem* Blog
macht. Was ist speziell daran, was haben thematisch ähnliche Blogs nicht? Dazu
gibt es eine Übung, den *Angle Tree,* den die beiden US-Journalisten David Sum-
ner und Holly Miller ursprünglich für den Zeitschriftenjournalismus entworfen
haben. Ich zweckentfremde ihn regelmäßig für meine Bloggingkurse. Zeichnen
Sie dafür auf einem weißen Blatt Papier einen Kreis in der Mitte. Halten Sie
darin Ihr Thema fest, das noch zu allgemein ist, etwas „Biologie", oder „Gentechnik". Zeichnen Sie dann vier weitere Kreise, links, oben, rechts und unten
um den Mittelkreis mit dem Thema, ähnlich wie bei einer Mindmap. Schreiben
Sie in diese Kreise konkretere, eingedampfte Ideen. Das kann beispielsweise eine
Unterdisziplin des allgemeinen Begriffs in der Mitte sein. Im Beispiel von Biologie wäre das etwa vielleicht „Zoologie". Das ist zwar schon genauer als Biologie,
aber immer noch viel zu allgemein. Fragen Sie sich: Gibt es zu meinem Thema
schon einen Blog? Falls ja, brechen Sie Ihr Thema weiter runter. Was immer
funktioniert. Wenn die vier Umkreise nicht konkret genug sind, nehmen Sie Ihr
Lieblings-Unterthema, setzen Sie es als neues Zentrum auf ein neues Blatt, und
zeichnen Sie einen neuen *Angle Tree* darum. Zu sehr einschränken sollten Sie
sich dabei auch nicht. „Crispr-Cas-9-Anwendungen auf Zebrafische" ist defini-
tiv zu detailliert und ähnelt eher einem wissenschaftlichen Fachbeitrag Wenn Sie
Ihre Nische zu genau und detailliert festlegen, wird Ihre Leserschaft zu dünn.
Logischerweise hast das gleichzeitig, dass Sie diesem Fokus andere Ideen opfern
müssen. Gut schreiben heißt immer auch auswählen – und dafür andere Themen
in die Tonne treten.

**Nachrichtenwert hilft Ihnen zu verstehen, ob Ihr Blogthema für die Gesell-
schaft relevant ist oder nicht.** *Die* Studie schlechthin über Nachrichtenwert
wurde 1965 von den beiden norwegischen Soziologen Johan Galtung und Mari
Ruge veröffentlicht. Sie enthält eine Liste an Kriterien, die Journalisten und

Redakteure auf der ganzen Welt noch heute verwenden, um zu bewerten, wo sie Texte positionieren sollen (zum Beispiel auf der Titelseite), und ob diese überhaupt recherchieren und schreiben sollen. Die Sache hat nur einen Haken. Erstmal aber die Galtung und Ruges (1965) Kriterien als Liste:

• **Negativität:** Der stärkste Nachrichtenwert. Im Englischen heißt es nicht umsonst: „If it bleeds, it leads".
• **Häufigkeit:** Gibt es Trends in der aktuellen Berichterstattung?
• **Stärke/Superlative:** Hat das Ereignis eine gewisse Größe? Das Erste, Stärkste, Höchste etc. hat üblicherweise einen relativ hohen Nachrichtenwert. Und erklärt, warum es immer noch das Guinness Buch der Rekorde gibt.
• **Klarheit/Eindeutigkeit:** Hat das Ereignis klar definierte Auswirkungen?
• **Sinn/Kulturelle Nähe:** Ereignisse mit demselben kulturellen Hintergrund sprechen Menschen mit demselben Hintergrund an. Das vereint. Im Prinzip ist das so, als wenn Sie jemanden ansprechen, der dieselben Serien und Musik wie sie konsumiert hat.
• **Einklang:** Erfüllt das Ereignis die Erwartungen des Publikums?
• **Unerwartbarkeit:** Kann das Ereignis das Publikum überraschen?
• **Stetigkeit:** War das Ereignis schon einige Male in den Nachrichten?
• **Zusammensetzung:** War das Thema schon in der Publikation? Falls ja, habenneue
• **Verweise auf Elitenationen:** Sind Elitenationen wie die USA oder Russland in das Ereignis verwickelt?
• **Verweise auf Elitepersonen:** Sind VIPs, wie beispielsweise TV- oder Polit-Promis in das Ereignis verwickelt?
• **Personalisierung:** Ist das Ereignis das Resultat menschlicher Handlungen?

Dies sind die wichtigsten Nachrichtenfaktoren. Geografische Nähe etwa zählt auch dazu. Was erklärt, wieso manche Themen, die geografisch entfernter vom Zielpublikum einer Zeitung sind, komplett untergehen. Die Corona-Krise ist da nur ein Beispiel von vielen. Solange die Epidemie in Asien blieb, war die Berichterstattung in Europa sehr begrenzt. Mit den ersten Fällen in Europa änderte sich das. Galtung und Ruge erklärten übrigens auch, dass wenn ein Thema gleich mehrere Nachrichtenfaktoren erfüllt, es stark an Relevanz dazu gewinnt. Und hier ist der Haken: Wir haben Nachrichtenwerte missverstanden. Der Journalist Ulrik Haagerup hat Johan Galtung zu seiner 54 Jahre alten Studie Anfang 2019 noch einmal interviewt. Galtung stellte klar: Die Nachrichtenfaktoren waren eigentlich als Warnung gedacht. Seine Aussage: Wenn wir so weitermachen und Nachrichten nur anhand dieser Kriterien betrachten, hat dies negative Auswirkungen auf unsere Gesellschaft. Nichtsdestotrotz orientieren sich nach wie vor alle Medien daran. If it bleeds it leads. Nutzen Sie daher auch diese Faktoren als Checkliste, um zu bewerten: Wie stark ist meine Blogidee? Je mehr dieser Faktoren ihre Idee gleichzeitig erfüllt, umso relevanter und stärker ist sie. **In der Wissenschaft gibt es eigene Nachrichtenwerte,** die sich allerdings im Wesentlichen mit Galtung und Ruges Ideen decken. Hinzufügen würde ich Folgendes, vor allem nach einem Gespräch mit meinem früheren Chef Graham Southorn beim *BBC Science Focus* magazine. Jubiläen spielen eine große Rolle in der Wissenschaftskommunikation. Das Jubiläum einer Entdeckung, oder das Geburts- oder Todesdatum eines bekannten Wissenschaftlers sind immer gute Anlässe, um Artikel vorzuschlagen oder zu publizieren. Das gilt im Blogging genauso wie im regulären Wissenschaftsjournalismus. Alle vorhin genannten Faktoren sind zeitabhängig. Daneben gibt es noch einige zeitunabhängige (basierend auf Badenschier und Wormer 2012 und angepasst in Angler 2017), die Sie ebenfalls mit einbeziehen sollten:

1. **Bedeutung:** Politische, wirtschaftliche, soziale, kulturelle, ethische und/oder wissenschaftliche Tragweite
2. **Überraschung:** Bestehendes Wissen wird infrage gestellt und durch neues ersetzt
3. **Anwendbarkeit:** MedizinischeodertechnischeRatschläge

Der ehemalige *Guardian*-Wissenschaftsredakteur Tim Radford hat mir 2015 verraten, dass es für ihn drei Themenbereiche gibt, die die Wissenschaftsberichterstattung dominieren:

- Woher kommt das Universum?
- Woher kommt die Natur?
- Woher kommt der Mensch?

Als Wissenschaftler von Eurac Research auf mich zukamen mit der Idee, einen Mumienblog zu bauen, war ich natürlich sofort dabei. Das Thema ist topaktuell. Bei genauerer Betrachtung beleuchtet es den dritten von Radfords Punkten: Woher stammt der Mensch? Informellerweise schaue ich mir wenigstens einmal pro Woche die Titelblätter der aktuellen Wissenszeitschriften an. Und tatsächlich: Fast immer schaffen es Texte und Schwerpunkte aus Radfords Liste auf die Titelseiten. Wenn Sie also einen Blogvorschlag stricken, achten Sie darauf, ob Ihr Thema bereits in diese Sparten fällt. Falls nicht, vielleicht schaffen Sie es mit dem *Angle Tree,* es in diese Richtung zu schubsen? Natürlich nicht mit Gewalt.

Ihre Leserschaft müssen Sie ebenfalls vorab einschätzen, und das bereits, bevor Sie anfangen zu bloggen. Dieser Aspekt kommt in der Blogplanung leider oft zu kurz. Ich verbringe viel Zeit in meinen Workshops damit, den künftigen Autoren nahezulegen, dass sie bei jedem Artikelvorschlag überlegen sollen, wer den Text möglicherweise lesen wird.

Stehen Thema und Nische fest, und haben Sie diese Punkte auf ihren Nachrichtenwert hin untersucht und für relevant befunden, geht es um einen weiteren Aspekt, der in der Blogplanung viel zu oft vernachlässigt wird. Ihr Publikum. Im Detail wird sich das genau Publikum ohnehin erst dann herauskristallisieren, wenn Sie anfangen zu schreiben. Anders als große Print-Publikationen müssen Sie dann aber nicht erst aufwendige Umfragen starten, sondern können mit Bordmitteln wie Google Analytics, Twitter Analytics und Facebook Insights einfache Statistiken über die Reichweite Ihrer Beiträge herausfinden. Noch wichtiger: Sie erhalten dadurch Einblick darüber, *wer* denn Ihre Artikel liest. Demografische Merkmale wie Alter, Beruf, Interessen und Geschlecht Ihrer Leser helfen Ihnen beim Planen zukünftiger Beiträge – und beim Einschätzen, wie relevant Ihre geplanten Beiträge für Ihre Leser sind. Steht der Blog noch nicht, ist dies scheinbar nur Spekulation. Scheinbar deshalb, weil Sie tatsächlich einiges unternehmen können, um bereits vorab etwas über Ihr Zielpublikum herauszufinden, um dann die Beitragsplanung maßschneidern zu können. Im Planungsspiel ist das regelmäßig eine Aufgabe, die ich den Bloggern in spe mitgebe und dann als „Hausaufgabe" überlegen lasse. Natürlich nicht ohne Hilfestellung. Ausgehend von Thema und Nische kristallisiert sich bereits einigermaßen heraus, wen welches Thema interessiert. Wenn Sie mit ihrem neuen Blog in ein bestehendes Blognetzwerk einsteigen, haben Sie bereits einen entscheidenden Vorteil. Als ich 2013 mit meinem neuen Blog *Algoworld* in das Netzwerk SciLogs.com einstieg, hatte dieses bereits etwa 60 verschiedene Blogs zu allerlei Wissenschaftsthemen. Die Kollegen haben mich nicht nur herzlich aufgenommen, sondern mir auch Einblick in ihre Leserschaft anhand bereits vorhandener Statistiken gewährt. Das war enorm hilfreich. Zwar war mein Thema (Algorithmen) und meine Nische (Wie Algorithmen unseren Alltag bestimmen) thematisch weiter weg von den anderen Blogs, aber wir hatten alle dieselbe Startseite. Hier ist davon auszugehen, dass zumindest einige der Leser der anderen Blogs ebenfalls einen Blick auf meinen werfen, weil sie schon auf derselben Webseite sind. Das allein reicht aber noch nicht. Glücklicherweise gibt es mittlerweile wissenschaftliche Literatur über das Wissensblog-Publikum.

Regelmäßige Untersuchungen der US-Medienforschungsinstitutes *Pew Research Center* ergeben, dass sich der Großteil der erwachsenen US-Bürger ihr Wissen über Forschung nach der High School über Online-Medien aneignet – diesen gegenüber aber generell misstrauisch gestimmt ist. Die Medienforscher

Mewburn und Thomson (2013) haben herausgefunden, dass es fünf verschiedene Gruppen von Wissensblogs-Lesern gibt:

- Akademiker
- Forscher
- Studenten
- Professionelle Berufsgruppen
- Die „interessierte Allgemeinheit"

Letzteren Punkt habe ich bei allen Interviews mit Zeitungen und Zeitschriften gehört, in denen ich die Redakteure fragte, wer ihre Publikationen liest. Es geht noch genauer. Medienforscherin Paige Jarreau, meine damalige Chefredakteurin bei SciLogs.com, hat 2018 zusammen mit Lance Porter eine Studie veröffentlicht, in der sie die Leserschaft genauer unter die Lupe nimmt, indem sie 3000 Wissensblogleser interviewten. Sie fanden heraus, dass 55 % der Leser männlich und 37 % der Leser weiblich sind. Mehr als 50 % der Leser waren 40 oder älter und stammten zum Großteil aus den USA (58 %), während 6 % aus Kanada und 11 % aus dem Vereinigten Königreich stammten. Etwa ein Viertel hat einen Masterabschluss, mehr als ein Fünftel ein Doktorat. Mehr als die Hälfte der Leser besitzt einen wissenschaftlichen Universitätsabschluss, und ein Viertel aller Leser arbeitet als Wissenschaftler (Jarreau und Porter 2018).

Es gibt noch einige wenige weitere Studien darüber, etwa die der Deutschen Merja Mahrt und Cornelius Puschmann aus dem Jahr 2014. Die beiden Medienforscher analysierten 293 Blog-Posts aus fünf verschiedenen Blogs und fanden heraus, dass die Blogger folgendes Zielpublikum ansprechen:

- Die Öffentlichkeit
- Leser mit Interesse an meinem wissenschaftlichen Fachgebiet
- Kollegen aus meinem Fachgebiet
- Studenten aus meinem Fachgebiet
- Oberschüler
- Politische Entscheidungsträger
- Menschen aus meinem Fachgebiet, die Entscheidungsgewalt über meine akademische Karriere haben

Wenn Sie Extra-Arbeit investieren wollen, kontaktieren Sie die Betreiber ähnlicher Blogs. Die müssen Sie sich sowieso ansehen, um zu bewerten, ob Ihr Thema und Ihre Nische eine Lücke füllen. Oft sind die Blogger-Kollegen hilfsbereit und geben Einblick in ihre Statistiken, oder verraten wenigstens, wer etwa ihre aktuellen Leser sind und welche Interessen sie haben. Aber auch wenn Sie keine Informationen bekommen, schauen Sie genauer hin. Fast alle Blogs haben gleichzeitig Social Media-Kanäle wie Facebook-Seiten oder Twitter-Konten. Schauen Sie sich an, wer dort mitliest und kommentiert. Schauen Sie sich die Profile der Leser an und versuchen Sie, sie grob nach den oben genannten Gruppen zu kategorisieren. Das ist sehr viel Arbeit, ich weiß. Aber diese Fleißaufgabe lohnt sich. Und nehmen Sie nicht an, dass dies eine einmalige Angelegenheit ist. Ihre Leserschaft sollten Sie immer wieder mithilfe Ihrer Statistiken neu kennenlernen.

Als nächstes überlegen Sie sich, welche Textsorten Sie schreiben möchten. Davon hängt ab, ob Sie die Medienlandschaft für Ihre Leser aufwerten und originelle Beiträge schreiben. Wenn Sie etwa „nur" über Neuigkeiten berichten, also Berichte schreiben, werden Sie damit wahrscheinlich kaum alleine sein. Stellen Sie sich erneut die Frage? Können meine Leser bei mir etwas lesen, das sie sonst nirgends finden? Falls ja, sind Sie auf dem richtigen Weg. Das heißt nicht, dass Sie Berichte vermeiden sollten, im Gegenteil. Das Prinzip der umgekehrten Pyramide ist eine der ältesten journalistischen Strukturen und funktioniert im Netz hervorragend. Warum? Weil derart geschriebene Berichte sofort zum Punkt kommen. Bereits im einleitenden Absatz beantworten solche Texte die journalistischen W-Fragen (wer, was, wo, wie, wann und warum). Erst danach folgen Details. Blogs sind übrigens als eine Art Online-Tagebuch entstanden, daher auch der ursprüngliche Begriff *Weblogs*. Womit Sie also in aller Regel gut beraten sind, sind meinungsbasierte Texte, wie beispielsweise Kolumnen. Aber auch längere Erklärstücke, die Hintergründe von aktuellen Entwicklungen und wissenschaftlichen Prinzipien näher beleuchten, haben einen hohen Mehrwert für die Leser. Sie können sich auch auf Fotostrecken spezialisieren oder eine Mischung aus allen möglichen Textsorten planen. Wichtig für die Planung ist, dass Sie wissen, worauf Sie sich einlassen. Jede Textsorte benötigt unterschiedlich lange für die Produktion. Einen kurzen Bericht haben Sie vielleicht schon in einer Stunde geschrieben. Für eine längeres Erklärstück in Zeitschriftenlänge benötigen Sie vielleicht mehrere Tage. In den Eurac Research-Blogs publizieren wir alle Textsorten, aber die beliebtesten Beiträge sind eindeutig Meinungsbeiträge der Forscher. Das schlägt sich nicht nur in den Blog-, sondern auch in den Social Media-Statistiken nieder.

Überlegen Sie sich auch einen Publikationsrhythmus. Wie häufig möchten (und können) Sie Beiträge veröffentlichen? Je öfter, desto besser: Wer häufiger publiziert, zieht eine größere Leserschaft an. Es gibt Korrelationen zwischen der

Publikationshäufigkeit und der Anzahl der Leser, das belegen entsprechende Studien. Wer 16 mal pro Monat publiziert, zieht ein um 3,5 mal größeres Publikum an. Aber wer schafft schon vier Beiträge pro Monat? Wir haben einen Blog mit zwei Beiträgen pro Monat und einen mit fünf bis sieben pro Woche. Beide laufen gut. Das Publikum kann sich darauf einstellen, weil wir uns auf Veröffentlichungszeiten geeinigt haben, an die sich auch die Leser gewöhnt haben, beispielsweise jeden zweiten Dienstagmorgen. Das ist dann etwa so, als wenn die Lieblings-TV-Serie einmal pro Woche eine neue Episodes ausstrahlt (was in manchen Fällen sogar auf Netflix geschieht). Auch wenn die Häufigkeit wichtig ist, überlegen Sie sich, welches Volumen Sie schaffen können. Wie der Wissenschaftsautor und ehemalige *National Geographic*-Blogger Ed Yong schreibt, ist Regelmäßigkeit von größter Bedeutung (Yong 2016).

Bei den *Eurac Blogs*haben wir ein Redaktionsteam, auf das ich sehr stolz bin (nicht zuletzt, weil es mit Ausnahme meiner Wenigkeit zu hundert Prozent aus Frauen besteht). Unser Team betreut die Texte von der Ideenfindungsphase bis zur Publikation und Werbung auf Facebook und Twitter. In unseren wöchentlichen Redaktionssitzungen besprechen wir neue Vorschläge der Autoren *(Pitches),* und wer sich einen schnappt, arbeitet mit den Autoren daran, bis der fertige Text raus an die Öffentlichkeit kann. Wir haben außerdem eine Bildredakteurin, die jeweils bei der Bildauswahl und Bildsprache, aber auch bei den technischen Parts wie dem Zuschneiden der Autorenfotos hilft. Was ich damit sagen will: Abläufe sind wichtig, gerade wenn Blogs komplexer werden, oder, wie in unserem Fall, ein Netzwerk mit mehreren Blogs entsteht. Wenn Sie alleine Bloggen, denken Sie vielleicht, Sie brauchen keine derartigen Abläufe. Das ist ein Irrtum. Überlegen Sie sich Ihre Schritte, von der Ideenfindung, bis zum Ausformulieren, Publizieren und Bewerben in den sozialen Netzwerken. Versuchen Sie, diese Schritte zu quantifizieren. Das hilft Ihnen dabei, planen zu können, wie viele Stücke Sie pro Monat schaffen können. Zwar gibt es beim Bloggen keine Obergrenze. Aber versuchen Sie, nicht weniger als zwei Stücke pro Monat zu veröffentlichen, um Ihre Leser gerade am Anfang bei Laune zu halten. Denken Sie auch an Gastbeiträge. Die verleihen Ihrem Blog eine frische Perspektive, und Sie müssen nicht alle Beiträge selbst schreiben. Vergessen Sie aber nicht, dass das Einholen von Vorschlägen und vor allem das Einfordern des Einhaltens versprochener Texte nicht gerade wenig Arbeit bedeutet.

Wenn all diese Punkte geklärt sind, ermutige ich die neuen Blogger in dieser Phase stets dazu, ein *Mission Statement* zu verfassen. Das ist ein kurzer Text von ein paar Absätzen (und maximal eine halbe Seite lang), in dem Sie die journalistischen W-Fragen kurz für Ihre Leser beantworten. Wer bloggt hier? Was wollen wir erreichen? Welche Nische füllen wir? Wieso existiert dieser Blog? Was ist die (stilistische) Besonderheit? Diese Fragen sollten Sie beantworten. Das *Mission Statement* zeigt im Prinzip den Existenzgrund Ihres Blogs auf. Alle vorherigen Punkte in diesem Kapitel fließen in dieses destillierte Statement ein. Veröffentlichen Sie es auf der „About"-Seite Ihres Blogs. Wenn Sie so weit sind: Gratulation: Sie haben eine große Hürde auf dem Weg zu Ihrem eigenen Wissensblog geschafft. Den gesamten Prozess können und sollten Sie übrigens für jeden einzelnen Text wiederholen.

Blog-Texte strukturieren

3

Ist der Blog geplant, können Sie mit den ersten Texten beginnen. Und Sie ahnen es schon: Auch die wollen zuerst geplant werden. Bevor Sie mit ihrem neuen Blog an die Öffentlichkeit gehen, sollten Sie wenigstens ein Dutzend Texte fertig haben. Bei meinen ersten Blog-Gehversuchen musste ich deshalb bereits als Teil meines Vorschlags Ideen für mögliche Texte mitliefern. Auch wenn Sie alleine bloggen, schreiben Sie sich für alle Texte Pitches auf, also kurze Vorschläge, mit denen Sie bewerten, ob Ihre Idee auch tatsächlich in einem Blogbeitrag münden sollte. Wann immer jemand einen neuen Blog für das Eurac-Netzwerk vorschlägt, durchlaufen wir mit den neuen Bloggern das gesamte Planungsspiel, und am Ende liefern sie uns auch schon Vorschläge für das erste Dutzend Texte. Für die Pitches dagegen haben wir für jeden Blog eine eigene Gruppe in unserem sozialen Firmennetzwerk, in denen neue Autoren Texte vorschlagen. Sie beantwortendabeifolgendeFragen:

1. Worum geht es in dem Text? Wie lautet Ihre „Take-home"-Message?
2. Warum sollten die Leser gerade jetzt darüber Bescheid wissen?
3. Was für eine Textsorte peilen Sie an? (Meinungsbeitrag, Erklärstück, Bericht)
4. Wie lange soll der Text werden?
5. Gibt es Multimedia-Material dazu (Bilder, Videos)?
6. Wie wollen Sie ihn strukturieren?

Die vielleicht unwichtigste Frage ist die nach der Textlänge. Gerade online gibt es dazu einiges an Spielraum, aber nur dann, wenn die Geschichte gut ist. Die erste wirklich wichtige Frage steht an oberster Stell zielt auf die Prämisse des Textes ab. Jeder gute Text hat eine Quintessenz, die dem Publikum nach dem Lesen noch in Erinnerung bleiben soll. Bühnenautor Lajos Egri hat diese Quintessenz,

© Der/die Autor(en), exklusiv lizenziert durch Springer Fachmedien Wiesbaden GmbH, ein Teil von Springer Nature 2020
M. W. Angler, *Journalistische Praxis: Science Blogging*, essentials,
https://doi.org/10.1007/978-3-658-32089-8_3

die er „These" nennt, für viele Stücke aus der Literatur untersucht und dabei ein gemeinsames Strukturmuster festgestellt. Meisten lässt sich die Prämisse als drei-geteiltes Konstrukt „A führt zu B" formulieren. In „Romeo und Julia" etwa fand Egri, lautet die Prämisse „Der Tod besiegt die Liebe" (was wörtlich genommen zwar nicht stimmt, weil ohnehin beide sterben, aber lassen wir der Romantik kurz ihren Raum). Die Prämisse ist gleichzeitig der rote Faden, der Ihren Text zusam-menhält. Sie ist das vielleicht wichtigste Strukturwerkzeug, weil sie Ihnen bei der Auswahl hilft, welche Informationen und Szenen in den Text dürfen und welche rausfliegen. Wenn Sie können, finden Sie die Prämisse zuerst heraus. Falls das nicht möglich ist, ist das auch nicht so schlimm. Notfalls kristallisiert sie sich im Laufe des Schreibens, spätestens aber am Ende heraus. Ein Tipp: Wenn Ihr Text von einem Argument zum nächsten mäandert und anscheinend zusammenhang-los Fakten aufzählt, wenn sich Freunde nachdem Probelesen fragen: „Na und": In dem Fall fehlt dem Text wahrscheinlich der rote Faden. Im Prinzip verhält sich Ihre These genau wie eine wissenschaftliche Hypothese. Ich habe darüber ausführlicher in meinen Büchern „Journalistische Praxis: Science Storytelling" und „Telling Science Stories" geschrieben. Dort finden Sie auch Übungen dazu. In diesem Kapitel sehen wir uns primär einige Geschichtenstrukturen an, die für Online-Artikel besonders geeignet sind.

Starten wir mit dem Klassiker, der umgekehrten Pyramide. Zeitungsmeldungen sind historischerweise so aufgebaut, dass die wichtigs-ten Informationen zuerst kommen. Sie müssen mithilfe des stilistischen Prinzips der journalistischen ABCs (accuracy, brevity, clarity) aufgebaut sein, zu Deutsch etwa: korrekt, kurz und klar. Ich will es hier „3 K-Prinzip" nennen. Das klingt einfacher als es ist, gerade in der Wissenschaft. Wir werden dieses Prinzip im nächsten Kapitel noch genauer unter die Lupe nehmen. Die umgekehrte Pyramide beantwortet die journalistischen Fragen mit wenigen Ausnahmen bereits in den ersten ein, zwei Absätzen des Textes. Bei Technik- und Wissenschaftsmeldungen stecken im ersten Absatz das Forschungsergebnis, das Problem dahinter, die Forschergruppe oder das Unternehmen. Der erste Absatz beantwortet auch meistens die Frage, was das Neue an den Ergebnissen ist. Größenordnung spielt dabei auch eine Rolle. Wenn diese Ergebnisse die ersten, wichtigsten, größten ihrer Art sind, findet das in aller Regel schon zu Beginn Erwähnung. Dieser erste Part zielt ganz klar auf den Nachrichtenwert ab. Das ist der gewichtigste und oberste Teil. Im zweiten Teil folgen Details. In Wissenschaftsmeldungen kommt hier häufig das „Wie" vor, mit Einblicken in die Methodologie der Forscher. Sind Experimente Teil der Studie, werden sie hier beschrieben. Sind diese komplex, sollten Sie Metaphern, Analogien und Gleichnisse einsetzen, um die Forschung

Abb. 3.1 Die umgekehrte
Pyramide. (Quelle: Martin
W. Angler)

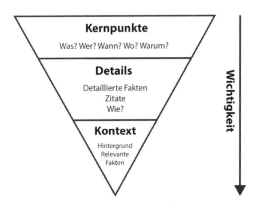

zu erläutern. Limitierungen der Studie sollten spätestens hier zum Ausdruck kommen. Jargonausdrücke und Abkürzungen sollten nur sehr spärlich zum Einsatz kommen und wenn, dann müssen Sie sie beim ersten Gebrauch erklären. Ist noch Platz, können Sie im letzten Teil des Berichtes die Hintergründe der Forschung aufzeigen. Ist dies ein Folgeprojekt? Lief es im Rahmen eines größeren Forschungsprogrammes ab? Wie hat sich die Forschung bis zu diesem Punkt entwickelt? Das alles können Sie erwähnen, aber erst am Schluss. Gehen Sie bei der Auswahl einfach vom Leserverständnis aus und fragen Sie sich: Muss ich das als Leser wissen, um die Meldung zu verstehen? Falls nicht, reihen Sie diese Informationen weiter unten ein. Sie merken schon: Der Aufbau der umgekehrten Pyramide steht im genauen Gegensatz zum Aufbau wissenschaftlicher Manuskripte. Dort wird in der Einleitung meistens ellenlang beschrieben, wie sich das Forschungsfeld historisch entwickelt hat und wo die Probleme dort liegen. Die Resultate und Schlussfolgerungen sind erst am Ende zu finden. Online müssen Sie umgekehrt vorgehen, weil die Aufmerksamkeitsspanne der Leser angesichts der Informationsfülle im Netz relativ kurz ist. Wenn Sie sie also nicht gleich fesseln, klicken sie einfach wieder weg. Der Aufbau der umgekehrten Pyramide hat aber historische Gründe, die weit vor der Zeit des Internet liegen und praktischer Natur sind. Platz war und ist in Druckmedien begrenzt. Muss ein nach der umgekehrten Pyramide aufgebauter Beitrag gekürzt werden, können Redakteure einfach Teile von unten her abschneiden, ohne dabei wichtige Informationen zu entfernen. Das Prinzip wird auch bei TV-Nachrichtensendungen angewandt. Nehmen Sie sich zu Beginn für jeden der drei Abschnitte der Pyramide ruhig mehrere Absätze heraus und kürzen Sie sie (Abb. 3.1). Fragen Sie sich danach: Waren wirklich alle Informationen aus der ersten Fassung nötig?

Noch online-, weil lesefreundlicher sind sogenannte Listicles. Das Kofferwort aus dem englischen *list* und *article* ist genau das: Eine nach einer Liste strukturierter Artikel. Listicles funktionieren deshalb gut, weil sie leicht lesbare, mit viel Negativraum dargestellte Textbausteine sind. Ihre Titel lauten fast immer gleich „12 Dinge, die Du nicht über X wusstest", oder „Die zehn besten Platten des 21. Jahrhunderts". Manchmal geht es um Superlativen, manchmal um Rankings. Listicles sind fast immer gleich aufgebaut. Nach dem Titel folgt ein kurzer Vorspann, der die These (den roten Faden) des Textes präsentiert. Danach geht's schon los mit den einzelnen Listenelemente. Die sind klar voneinander getrennt. Zwischenüberschriften benennen die einzelnen Elemente. Die meisten Listicles sind dazu visuell. Nach der Zwischenüberschrift folgt entweder ein statisches oder animiertes Bild oder ein Video. Danach folgt eine etwas längere Beschreibung des Bildes, die selten länger als einen Absatz lang ist. Danach folgt wieder etwas Negativraum, und dann geht's schon weiter mit dem nächsten Listenelement. Die Kunst besteht bei Listicles darin, die geeigneten Listenelemente auszuwählen und passendes Bildmaterial dazu zu finden. *GEO* etwa hat einen Listicle „Die zehn schönsten Berglandschaften der Alpen" genannt und als Vorspann folgende Worte gewählt:

> „Steile Felswände, kristallblaue Seen, saftige Wiesen: Wir stellen zehn besonders schöne Berglandschaften in den Alpen vor."

Dann folgen die zehn Berglandschaften, eine nach der anderen mit Titel, Bild und Text darunter. Als ich mein erstes Buch über Wissenschaftsjournalismus schrieb, telefonierte ich mit Kelly Oakes, der damaligen Wissenschaftsredakteurin bei *BuzzFeed* in London. Ich wollte sie unbedingt hören, weil Listicles als Spezialität ihrer populären Publikation galten. Oakes verriet mir, dass Listicles nicht nur die bei weitem erfolgreichste Textsorte von BuzzFeed war, sondern dass sie immer auch einen Trick anwenden. Egal, wie viele Elemente eine Liste vertragen würde, Journalisten sollten sich immer auf ungerade Zahlen beschränken. Erstens lenkt das von den allgegenwärtigen runden Zahlen wie fünf, zehn oder hundert ab. Zweitens erweckt etwa eine *Elf* den Eindruck, dass bei der Recherche nicht mehr als elf Elemente zu finden waren. Beim Leser entsteht so der Eindruck, dass der Reporter eine vollständige Liste der Elemente abgeliefert hat.

Meinungsbeiträge haben ebenfalls eine einfache Struktur. Hier rückt allerdings die These noch stärker in den Fokus als bei anderen Beitragsformen. Das heißt, bei dieser Textsorte sollten Sie schon vor dem Strukturieren klar wissen, was Sie den Lesern sagen wollen. Damit startet Ihr Text aber in der Regel nicht.

Meinungsbeiträge nehmen in aller Regel Bezug auf aktuelle Ereignisse und das Tagesgeschehen. Also sollten Sie auch weniger informierte Leser zuerst informieren, worauf Sie gleich Bezug nehmen werden. Beschreiben Sie dieses Ereignis kurz als Aufhänger. Das kann das Erscheinen einer neuen Studie sein, der Widerruf einer Studie, eine politische Entscheidung, das Bekanntwerden eines Skandals, alles Mögliche. Sagen Sie den Lesern einfach in ein, zwei kurzen Absätzen, was passiert ist, ganz nach dem journalistischen „3K"-Prinzip: korrekt, kurz und klar. Danach widmen Sie Ihrer These einen ganz klaren Standpunkt. Wie finden Sie das? Wie ist das, was passiert ist, zu bewerten? In meiner Erfahrung tun sich Wissenschaftler genau damit am schwersten: Position zu beziehen. Das ist aber notwendig, besonders in Zeiten, in denen Verschwörungstheorien die Runde machen. Sehen Sie sich als Detektiv. Sie stellen eine These auf. Der Rest Ihres Textes beschäftigt sich bis zum Ende mit der Beweisführung. Nach der These sollten Sie Argumente anführen, die die Leser überzeugen, dass Ihre These richtig ist. Dazu gilt die Ein-Idee-Regel. Pro Absatz sollten Sie nicht mehr als eine Idee vertreten. Formulieren Sie diese aus. Danach sollten ein, zwei (oder je nach Komplexität mehrere) Absätze folgen, in denen Sie mit harten Fakten jedes Argument untermauern. Danach ein fließender, logischer Übergang zum nächsten Argument. Dementsprechend ist Ihre Struktur essayesk. Am Ende folgt ein Abschluss, in dem Sie die Leser noch einmal zum Anfang zurückführen. Vermeiden Sie Zusammenfassungen als „conclusio", wie sie so oft in wissenschaftlichen Manuskripten zu finden sind. Ihre Leser sind nicht dumm und brauchen keine Zusammenfassung. Statt eines aktuellen Ereignisses kommen auch Gedankenspiele, Anekdoten und Fallbeispiele infrage. Sie können Ihre Leser auch mit einem „shocking lead", also einem Schockvorspann auf die Pixel bannen. Das sind im einfachsten Fall Fakten, die das Weltbild der Leser erschüttern. In einem Blog-Post für *Scientific American* warf ich den Leser gleich zu Beginn ein paar harte Fakten über Nashornhörnerpreise vor die Füße. Darunter: Ein Kilogramm Horn kostet mehr als Gold oder Kokain. Die meisten wussten das vorher nicht. Genausowenig wie ich vor meiner Recherche. Wenn Sie Anekdoten verwenden, erzählen Sie die Geschichte nicht schon im Vorspann zu Ende. Sie soll nur das Problem illustrieren. Halten Sie Information zurück, halten Sie auch die Spannung Ihrer Leser. Beenden Sie die Geschichte unbedingt erst am Ende, und Sie halten die Aufmerksamkeit Ihrer Leser mühelos auch über viele Absätze. Das gilt sogar dann, wenn sie dazwischen sehr viel erklären müssen.

Interview-basierte Texte sind ebenfalls einfach zu strukturieren. Ein Interview ist bestenfalls ein natürlich wirkender Schlagabtausch zwischen den beiden Interviewpartnern. Frage. Antwort. Davor haben Sie ein paar Absätze, um die

Leser in das Thema einzuführen und damit zwei Fragen zu beantworten: Worum geht es? Und: Warum sollten die Leser genau jetzt darüber Bescheid wissen? Worauf Sie achten sollten: Weder die Fragen noch die Antworten sollten zu lange werden. Eine Frage sollte in einer Zeile Platz finden und unmissverständlich formuliert sein. Antworten sollten einen kurzen Absatz nicht überschreiten, ansonsten wird die Ein-Idee-Regel verletzt, und der Absatz ist für Ihre Leser dann nur mehr eingeschränkt merkbar. Ausnahmen bestätigen die Regel. Manchmal werden die Antworten ein paar Absätze lang werden. Das ist in Ordnung, vorausgesetzt, sie enthalten keine semantischen Wiederholungen. Sie werden immer wieder auf Wissenschaftler treffen, die mehr als das erzählen wollen. Das ist normal. Ermutigen Sie sie bereits im Vorfeld, sich kurz zu fassen. Ermutigen Sie sie, Metaphern zu verwenden und komplexe Begriffe mit für jedermann verständlichen Beispielen zu beschreiben. Sie glauben mir nicht? Für besagtes Buch hatte ich Gelegenheit, mit Daniel Clery, einem Reporter bei *Science Magazine* zu sprechen und ihn über Interviewtechniken zu befragen. Clery hatte kurz zuvor ein Astrophysiker Kip Thorne interviewt, der als Berater für den Hollywood-Blockbuster *Interstellar* gearbeitet hatte. Clery schafft es, sich auf sechs Fragen zu beschränken. Thornes längste Antwort ist drei Absätze lang, die meisten sogar nur einen.

Für etwas längere Erklärstücke eignet sich die Wall-Street-Story-Formel. Diese Formel (Abb. 3.2) werden Sie häufiger in Zeitschriften finden. Beim Einstieg können Sie durchaus kreativ sein und wie bei Meinungsbeiträgen nicht nur auf aktuelle Aufhänger, sondern auch auf Fallbeispiele, Anekdoten und Gedankenspiele zurückgreifen. Verlieben (und verlieren) Sie sich dabei nicht zu sehr in Details. Alles, was in den Text kommt, muss auch Sinn haben. Ihr Fallbeispiel muss also Ihre These unterstützen (Angler 2017). Danach folgt der so genannte „Nutgraph", ein oder zwei Absätze, der den Lesern nahelegt, wieso das Thema wichtig ist und wo das übergeordnete Problem liegt. Schreiben Sie also beispielsweise an einem Text über illegale Regenwaldrodung, gehen Sie im Fallbeispiel zu Beginn ganz nahe ran, schreiben Sie sensorisch, lassen Sie die Leser mitfühlen, wie es im Regenwald, riecht, aussieht, tönt, schmeckt und sich anfühlt. Zoomen Sie dann im Nutgraph weit hinaus und beschreiben Sie das übergeordnete Problem. Den Übergang erkennen Sie oft an Konstrukten wie „So wie im peruanischen Regenwald gibt es überall auf der Welt…". Derartige Vergleiche ordnen das konkrete Problem global ein, das Sie den Lesern gerade gezeigt haben. Danach folgen, ähnlich wie bei Meinungsbeiträgen, Absätze, die Ihre These belegen. Dabei können Sie Fakten und Zitate einsetzen. Sind dann immer noch einige der sechs journalistischen W-Fragen offen, beantworten Sie sie. Und kehren Sie

Abb. 3.2 Die
WSJ-Formel. (Quelle:
Martin W. Angler)

> **Lead**
> Person, Szene, Ereignis
> Illustriert These
> 1-2 Absätze lang

> **Nut graph**
> "Big picture": These ausformuliert
> Antwort auf die meisten W-Fragen
> 1+ Absätze lang

> **Haupttext (1)**
> Fakten und Zitate untermauern These
> Hintergründe und Kontext
> 1+ Absätze lang

> **Hauptext (2)**
> Verbleibende W-Fragen beantworten
> Kontext und Entwicklungen
> 1+ Absätze lang

> **Ende / Kicker**
> Verbleibende Probleme aus Lead auflösen
> Ausblick auf künftige Entwicklungen
> 1-2 Absätze lang

am Ende wieder zum Anfang zurück: Haben Sie dort ein Fallbeispiel angefangen, führen Sie es nun zu Ende. Haben Sie am Anfang ein Problem aufgeworfen, bieten Sie Ihren Lesern einen Lösungsansatz an, einen Ausblick. Und bitte nicht ein leidenschaftsloses „damit soll sich dann jemand anders in Zukunft beschäftigen", wie es in zahlreichen wissenschaftlichen Aufsätzen steht. Und weil dies ein Essential mit begrenztem Umfang ist, will ich Ihnen unbedingt Prof. Winfried Göpferts Buch „Wissenschaftsjournalismus" empfehlen, das ebenfalls in der gelben Reihe erschienen ist. Dank dieser Lektüre habe ich im Selbststudium Schreiben gelernt.

Schreibtechniken und Stil

4

Haben Sie ein grobes Skelett für Ihren Text entworfen, müssen Sie ihm noch Leben einhauchen. Das kann durch sensorische Schreibe passieren, die Bilder in den Köpfen Ihrer Leser zum Leben erweckt. Fürs Bloggen gelten ein paar eigene Stilregeln, die nicht in jeder Form des wissenschaftlichen Schreibens erwünscht sind, auch wenn sie jeder Form gut täten. Keine der folgenden Regeln ist in Stein gemeißelt. Seien Sie bei der Anwendung also nicht päpstlicher als Franziskus. Guter Stil zeichnet sich auch durch Abwechslung aus. **Zum Einen gilt das Ein-Idee-Prinzip,** das auf allen Ebenen gilt. Jedes Wort sollte eindeutig sein und nicht den Lesern nicht mehr als eine Bedeutung vermitteln. Das gilt genauso für Sätze. Packen Sie nicht mehr als eine Idee in einen Satz. Vermeiden Sie Schachtelsätze, die sich über mehrere Zeilen erstrecken. Die am einfachsten zu verstehenden Sätze sind Aussagesätze mit einer klaren Subjekt-Verb-Objekt-Abfolge. Für Absätze gilt dasselbe. Mehr als eine Idee sollten Sie nicht pro Absatz verpacken. Gute Absätze haben eine dreigeteilte Struktur. Der erste Satz leitet aus dem vorhergehenden Absatz in den aktuellen ein und verbindet die beiden logisch. Dann folgt der Kern, in dem Sie die Hauptaussage des Absatzes formulieren. Dieser Teil kann sich über mehrere Sätze strecken. Am Ende folgt ein Satz, den Sie mit dem Gedanken formulieren sollten, dass Sie im Folgeabsatz wieder darin einhaken müssen. Als Überleitungen bieten sich Adverbien an, die einen Bezug zu einem Objekt oder Subjekt des vorhergehenden Satzes herstellen. Und wo wir schon bei Adverbien sind: Lassen Sie, wann immer es geht, die Finger von Adverbien, wenn es darum geht, Verben näher zu beschreiben. Wählen Sie stattdessen aussagekräftige Verben aus.

In puncto Länge gibt es auch ein paar vage Richtwerte. Tim Radford, der ehemalige Wissenschaftsredakteur des Guardian, riet mir, kurze, klare, native Wörter

© Der/die Autor(en), exklusiv lizenziert durch Springer Fachmedien Wiesbaden GmbH, ein Teil von Springer Nature 2020
M. W. Angler, *Journalistische Praxis: Science Blogging*, essentials,
https://doi.org/10.1007/978-3-658-32089-8_4

immer langen, ausschweifenden Fremdwörtern vorzuziehen. Immer. Darin besteht zum Teil auch stilistisches Redigieren. Raus mit allen Wörtern, die die Autoren nur einsetzen, um schlau zu klingen. Gerade in der Wissenschaft ist das ein Problem. Die Angst vor einfacher Schreibe. Das scheint fast paradox, da einfache Wörter wesentlich höheren Einfluss haben und ein breiteres Publikum erreichen. Genau darum geht es ja: Wie viel von Ihrer Kommunikation kommt beim Publikum an? Schreiben Sie nicht aus Selbstverliebtheit oder einfach nur, um sich als Koryphäe zu positionieren. Das können Sie genauso gut über treffende Inhalte erreichen. Sätze sollten im Durchschnitt 17 Wörter lang sein, Absätze 50 Wörter. Rhythmus ist besonders bei den Längeregeln wichtig. Wechseln Sie ab und sorgen Sie so für Kurzweil. Manche Absätze sind relativ einfach kurz zu halten, weil sie „reingezoomt" sind, also Story-Absätze. Sobald es um wissenschaftliche Erklärungen geht, werden die Absätze zwangsläufig länger. Das ist kein Problem, solange Sie geschickt zwischen beiden Varianten abwechseln. Auf ein, zwei kurze Absätze kann ein langer Folgen, und auch umgekehrt. Bei Sätzen funktioniert das genauso. Über die Satzlänge steuern Sie den Lesefluss Ihres Publikums. Alle Satzzeichen bremsen Leser aus. Punkte wie Bindestriche und Doppelpunkte lassen sie innehalten. Setzen Sie diese Zeichen ein, wenn Sie Ihre Leser auf einen bestimmten Fakt hinweisen wollen. Lange, verschachtelte Sätze dagegen, lassen Ihre Leser durch Ihren Text nur so durchflutschen. Das Problem dabei ist, dass sie sich viele Informationen so nicht merken können. Setzen Sie lange Sätze also eher ein, um Beispiele geschickt zu platzieren oder um komplexe Gedanken zu formulieren.

Beim Bloggen gilt, gerade weil dieses Medium aus einem Tagebuchgedanken heraus entstanden ist: Schreiben Sie so, wie Sie auch sprechen würden (es sei denn, Sie sprechen umständlich). Umgangssprache garantiert Kurzweil und ein hohes Maß an Verständnis unter Ihren Lesern. Damit garantieren Sie, dass Ihr Publikum möglichst viele Informationen aufsaugt. Und genau das muss Ihr Ziel sein: Informationsvermittlung. Verwenden Sie daher alle sprachlichen Mittel, die Ihren Lesern das Verständnis vereinfachen. Dazu gehören (angepasstaus Angler 2017, S. 132):

- Aktive Verben (der Passiv heißt nicht umsonst die „Leideform"!)
- Analogien und Metaphern
- Auswahl der wichtigsten Ereignisse
- Vermeiden allzu vieler Details
- Vermeiden von Adverbien (außer bei Übergängen)
- Abwechslung im Rhythmus

Eins der wichtigsten Stil- und Struktur-Prinzipien ist „Select & Reject" (zu Deutsch etwa: Auswählen und Aussortieren, Angler 2020a, b). Mehr als 90 % aller Recherche, die ich für einen Text betreibe, landet im Mülleimer. Das heißt nicht, dass das Material nicht wichtig für mein Verständnis der Thematik wäre. Aber Platz ist immer begrenzt, wie alle Ressourcen. Deshalb müssen Sie immer eine Auswahl treffen. Die These Ihres Textes hilft Ihnen dabei als Instrument. Auswählen bedeutet immer auch gleichzeitig Kompromisse schließen. Anders formuliert: Wählen Sie ein Ereignis oder einen bestimmten Fakt aus, der es in Ihre Geschichte schafft, dann müssen Sie dafür etliche andere aus derselben Geschichte ausschließen. Geschichten, die thematisch herumwildern und von einem Argument zusammenhangslos zum anderen springen, zeugen von schlechtem Stil. Dazu gehört auch das Einschließen allzu vieler Details. Zeigen Sie anhand von Details (beispielsweise im Einstieg) ein übergeordnetes Problem. Das ist legitim. Werden die Details allerdings zum Selbstzweck, dann haben Sie zu weit hineingezoomt, und den Lesern wird nicht mehr klar, warum Sie derart viel Detailverliebtheit anwenden. Alles in einem Text, und das gilt besonders online, muss einen klaren Zweck verfolgen. „Verwenden Sie Analogien und Metaphern" ist ein Rat, den Sie für komplexe Sachverhalte anwenden sollten, aber mit Vorsicht. Metaphern sollten nicht im Titel zum Einsatz kommen. Das unterscheidet Print- von Online-Medien. Schlagen Sie eine aktuelle Zeitung auf, etwa die *New York Times* oder die Frankfurter Allgemeine Zeitung. Suchen Sie sich einen beliebigen Artikel aus, und recherchieren Sie ihn online. Jede Zeitung veröffentlicht mittlerweile alle ihre Artikel auch online.

Print- und Online-Titel unterscheiden sich. Während Print-Medien (besonders Zeitschriften) für längere Artikel immer noch gerne Metaphern verwenden, wandeln sie diese online in wesentlich klarere Sprache um. Grund dafür sind die Suchmaschinenalgorithmen. Die verstehen Ironie, Sarkasmus, Metaphern und Analogien nur sehr begrenzt, falls überhaupt. Zur besseren Auffindbarkeit bieten sich online also Titel mit eindeutigen Schlüsselwörtern an, nach denen Menschen googeln. Hier ein Beispiel: In einer Print-Ausgabe von *Scientific American* (Mai 2016) trug ein Beitrag den Titel „Saving Eden" (zu Deutsch etwa: „Eden retten", oder „Die Rettung Garten Edens"). Dieser Titel ist eine Metapher. Der Garten „Eden" existiert natürlich nicht wirklich, sondern umschreibt hier nur ein „Paradies" (ebenfalls eine Metapher). *Scientific American* hat für seinen Artikel online einen anderen Titel gewählt: „Can Ecotourism Save Myanmar's Wildlife?" (zu Deutsch etwa: „Kann Ökotourismus Myanmars Tierwelt retten?"). Darin befinden sich gleich drei Schlüsselwörter: *Ecotourism, Myanmar* und *Wildlife*. Der erste Titel funktioniert problemlos in Printmedien. Die Leser suchen darin nicht gezielt nach Artikeln zu einem bestimmten Thema. Online schaut die Sache anders aus: Dort geht alles darum, möglichst hoch in den Suchmaschinen-Rankings aufzutauchen. Mit „Eden" gibt's da nichts zu gewinnen. Suchbegriffe müssen klar und eindeutig sein. Viele Medienhäuser wenden übrigens A/B-Tests an, um unter zwei Online-Unterschriften für denselben Text die bessere zu finden. Dabei zeigen sie über einen begrenzten Zeitraum 50 % der Leser denselben Artikel mit einer Überschrift (A) und den restlichen 50 % der Leser mit einer anderen Überschrift (B). Die Überschrift, die die besseren Statistiken verursacht (häufigere Klicks, längere Verweildauer auf der Artikelseite), gewinnt.

Eins der wichtigsten Stilmittel ist sprachliche und narrative Kausalität. Die ist natürlich nicht mit wissenschaftlicher Kausalität zu verwechseln. Vielmehr geht es darum, Sätze und Absätze so zu verbinden, dass Leser sie als logische Abfolge aufeinander verstehen. Im Prinzip ist dies also ein Instrument zum Steigern des Leseflusses. Oder wie Prof. Göpfert das einmal in einem seiner Workshops 2011 formulierte: „Es gibt Texte, die sind zähflüssig und stocken. Und dann gibt es Texte, die sich regelrecht saufen lassen". Saufen lassen sich nur Flüssigkeiten. Sie fließen deshalb als Strom oder Strahl, weil sie von der Kohäsionskraft zusammengehalten werden. Sonst ginge beim Pinkeln wohl alles daneben. Eine der Kohäsionskräfte beim Schreiben sind Verbindungswörter, die Übergänge signalisieren und Ideen miteinander verbinden. So fließen Sie beim Schreiben und ihre Leser beim Lesen von einer Idee zur nächsten, ohne dabei absetzen zu können. Dafür können Sie verschiedene Wortarten verwenden, wie Bindewörter, Pronomen, Präpositionen und Adverbien. Keine Angst, das wird jetzt kein linguistischer Exkurs. Es geht einfach nur darum, in Sätzen Bezüge zu vorherigen Sätzen herzustellen. Die besagten Wortarten sind dabei Ihr sprachliches Handwerkszeug. Wie das geht, zeigt folgendes Beispiel aus dem *Zukunftsblog* der *ETH Zürich:*

> „Es ist bekannt, dass das Gewebe der Lungen und der Atemwege mit zunehmendem Alter an Elastizität verliert. **Dies** hat unter anderem mit den Bindegewebszellen in diesen Organen zu tun, die im Alter vermehrt Proteinfasern im Gewebe ablagern, das Gewebe versteift. **Dies** wiederum hat einen Einfluss auf die mechanischen Prozesse im Innern der Schleimhautzellen und sogar auf die genetische Steuerung ihrer Zellfunktionen." (Uhler und Shivashankar 2020)

Die beiden Autoren nehmen zwei Mal mit dem Pronomen „dies" Bezug auf die Idee im vorherigen Satz und spinnen so einen Erklärfaden. Im ersten Fall erklären sie die Ursache für den Elastizitätsverlust im Lungengewebe. Im zweiten Fall („dies wiederum") beschreiben Sie eine Auswirkung. Es geht also um Ursache und Wirkung. Und obwohl Kausalität in der Wissenschaft nicht unbedingt immer das Studienresultat ist (und leider oft sogar mit Korrelation verwechselt wird), sollten Sie narrative und sprachliche Kausalität immer dann einsetzen, wenn die Fakten es zulassen. Nutzen Sie folgende Verbindungs- und Übergangswörter (hier nicht nach Wortart unterschieden, dafür aber kategorisiert), um Ihre Textbausteine zu verbinden. Sie setzten Objekte in Beziehung zueinander und werden deshalb auch Relationen genannt (angepasst nach Angler 2020a):

- **Kausal:** also, deshalb, darum, aus diesem Grund, weil, weswegen
- **Chronologisch:** und, danach, nachher, später, zuerst, zuletzt, genauso, dann,
- **Räumlich:** darüber, darunter, daneben, oberhalb, unterhalb, dahinter, davor, vor, hinter, über, unter
- **Vergleichend:** genauso, genau wie, im Unterschied zu/dazu, anders als, umgekehrt, im Gegensatz dazu, so wie
- **Beispielhaft:** das heißt, beispielsweise, wie zum Beispiel, so wie
- **Sinnbezogen:** aus diesem Grund, zu diesem Zweck, um zu

Verbundene Sätze sind schön, aber ich möchte ich Ihnen noch zwei spezielle Schreibtechniken mitgeben. Sie sind so einfach, dass sie trivial scheinen. Und dennoch scheitert Wissensvermittlung oft daran, dass Autoren nicht darauf zurückgreifen. Die Techniken helfen Ihnen dabei, Texte sehr, sehr einfach zu strukturieren.

Die ABT-Technik (and-but-therefore, zu Deutsch: und-aber-deshalb) beschreibt eine dreigeteilte Story. Mit ihr können Sie Forschungsunterfangen einen für Ihre Leser nachvollziehbaren Sinn verleihen. Die drei Bausteine stricken eine komplette Geschichte auf kleinstem Raum. Der erste Teil („und") etabliert den Status quo Ihrer Geschichte. Im Storytelling ist das der Expositionspart. In der Wissenschaft kommt das dem aktuellen Wissensstand gleich. Wie ist unsere Ausgangslage? Was wussten wir schon? Dann folgt der Einschnitt („aber"). Im Storytelling ist dies das erregende Moment. Irgendwas läuft schief. Ein Problem taucht auf. In der Wissenschaft kommt dies meist der Forschungsfrage gleich, es kann sich aber auch um ein auftretendes natürliches Problem handeln. In Filmen erkennen Sie das erregende Moment daran, dass es die Geschichte erst richtig in Gang setzt. Daraus entsteht Handlungsbedarf („deshalb"). Hier kommt nun normalerweise die Beschreibung der Forschungs selbst. Die ersten beiden Teile führen das Publikum so an das Thema, dass das Publikum das Forschungsvorhaben (der dritte Teil, also alles, was nach „deshalb" folgt) als logische Konsequenz verstehen muss. Die Technik habe nicht ich erfunden. Der Meeresbiologe Randy

```
Es war einmal              _____

Jeden Tag                  _____

Bis eines Tages            _____

Deshalb                    _____

Deshalb                    _____

Deshalb                    _____

Bis schließlich            _____

Und seit dieser Zeit       _____
```

Abb. 4.1 Das Story Spine. (Quelle: Martin W. Angler)

Olson hat die Technik „ABT" genannt, nachdem er sie bei den *South Park*-Machern beobachtet hatte. Tatsächlich geht die Technik aber noch weiter zurück. Olson schreibt in seinem Buch, dass bereits Abraham Lincoln, Martin Luther King Jr. und Crick und Watson (die DNA-„Väter") die ABT-Technik anwandten. Wenn Sie Geschichten aufbauen, verwenden Sie, soweit die Fakten sich dafür anbieten, auch das Story Spine. Der Wissenschaftskommunikator Tullio Rossi hat Olsons Technik aufgegriffen und argumentiert, dass klassische Wissenschafts-präsentationen „und-und-und"-Abfolgen zusammenhangsloser Fakten sind und damit die Aufmerksamkeit des Publikums nicht halten können. Stellt man diese auf eine „und-aber-deshalb"-Struktur um, funktionieren sie.

Das Story Spine ist ein einfaches Grundgerüst für jede Art von Geschichte. Es ist etwas ausführlicher als die ABT-Technik und enthält einige Elemente mehr, beruht aber auf demselben narrativen Prinzip: Zuerst wird der Status quo hergestellt, dann kommt die Problemstellung, und dann eine Serie an von Folge-aktionen, die Sie wie Uhler und Shivashankars (2020) Textbausteine miteinander verbinden sollten. In Abb. 4.1 sehen Sie die Liste des Story Spine, das Sie einfach wie eine Schablone mit den Fakten, etwa aus einer Studie füllen können. Die ers-ten beiden Punkte („Es war einmal" und „Jeden Tag") beschreiben den Status quo. „Bis eines Tages" kennzeichnet das erregende Moment, also den Wendepunkt in der Geschichte. Wo tritt ein Problem auf? Was veranlasst die Forscher dazu, auf ihre „Forschungsreise" zu gehen? Dann folgen die Konsequenzen. Jedes der folgenden Ereignisse sollte die logische Folge vom vorhergehenden Ereignis sein. „Bis schließlich" ist die letzte dieser logischen Abfolgen. „Und seit dieser Zeit" schließlich zeigt den neuen Status quo. Was hat sich verändert? Was ist besser oder zumindest anders als vorher?

Dieser Geschichtenaufbau ist nicht zufällig so. Das Story Spine wird oft dem Animationsstudio Pixar zugeordnet, weil es diese Struktur (sehr erfolgreich) für praktisch alle seine Filme anwendet. In dieser Form geht das Story Spine aber auf das Improvisationstheater zurück (genauer gesagt, auf Kenn Adams, der es 1991 formuliert hat). Dort rufen sich Teilnehmer gegenseitig (oder das Publikum den Schauspielern) die nächsten Ereignisse in der Geschichte zu, füllen so die Lücken in dem Grundgerüst und stricken gemeinsam eine improvisierte Geschichte. In der Wissenschaft geht das natürlich nicht, und dennoch bietet sich die Form fürs Wissensgeschichten-Erzählen an. Das liegt an den uralten Prinzipien, auf denen diese Form beruht. Nicht umsonst klingt der Anfang wie ein Märchen. Der Mythologieprofessor Joseph Campbell hat unzählige Geschichten und Volksmärchen untersucht und dabei eine gemeinsame, sehr ähnliche Struktur gefunden, die *Heldenreise*. Die ABT-Technik ist im Prinzip eine abgekürzte Variante des Story Spine, das seinerseits wiederum eine gekürzte Variante der Heldenreise zu sein scheint. Es geht aber noch einfacher. Dampft man das Prinzip Geschichte noch weiter ein, bleiben nur mehr zwei Elemente übrig.

Die simpelste Form einer Geschichte: Problem und Lösung. Darin impliziert sind alle anderen Story-Elemente, wie beispielsweise Veränderung (ohne Veränderung keine Geschichte), Protagonist (irgendjemand muss das Problem haben), und Konflikt. Warum scheitert Wissenschaft so oft daran, sich verständlich zum Ausdruck zu bringen? Weil das Problem dabei vergessen wird. Kennen Sie den Kalenderspruch „Halte Dich fern von negativen Menschen. Sie haben für jede Lösung ein Problem"? Nicht nur, dass er immer wieder fälschlicherweise Albert Einstein zugeschrieben wird. Der Spruch ist auch noch selten dumm. Im Umkehrschluss ergibt sich, dass es wohl Lösungen für nicht existierende Probleme gibt. Die wiederum braucht kein Mensch. Oft präsentieren Forscher Lösungen, ohne das Publikum dafür zu sensibilisieren, dass es überhaupt ein Problem dafür gibt. Marketingprofis wissen das seit jeher. Schuld daran ist auch der Aufbau wissenschaftlicher Arbeiten. Zwar enthalten diese alle grundlegenden Story-Elemente, aber in der aus Narrativsicht falschen Reihenfolge. Die Einleitung ist meistens eine endlose Schwafelei darüber, wer was im Forschungsfeld geleistet hat, eben eine „und-und-und"-Abfolge ohne großartige Zusammenhänge. Mit viel Glück befindet sich am Ende der Einleitung ein Hinweis darauf, wieso sich die Studienautoren auf die Forschungsreise gemacht haben. Bis dahin passiert, zumindest aus Story-Sicht, nichts. Verwenden Sie diese Strukturen und Stilregeln, um Blog-Posts zu schreiben. Trauen Sie sich aber auch, sie in Ihren Studien einzusetzen, etwa um Abstracts oder Präsentationen damit zu stricken. Sie werden sehen, die Techniken wirken Verständniswunder unter Ihren Lesern und Zuhörern.

Publizieren 5

Wo wollen Sie Ihre Blogs veröffentlichen? Diese Entscheidung steht noch aus. Sie haben dafür eine Reihe von Optionen. Option eins ist das Veröffentlichen auf Ihrer eigenen Webseite, als Einzelblog. Wenn Sie schon eine haben, lässt sich ein Blog in den meisten Fällen als Paket einbauen, oft mit einer Subdomain, also als eigene Unteradresse. Für die Webseite pascalmustermensch.com lautet die Blogadresse dann meistens blog.ashleymustermensch.com. Sie können auch eine komplett eigene Webseite aufziehen. Fertige Pakete dafür gibt es zuhauf zu kaufen, beispielsweise auf WordPress.com oder *Squarespace*. Die Vorlagen auf solchen Websites bieten ordentliche Ausgangspunkte und lassen sich schnell einrichten. Das Betreiben einer eigenen Seite erfordert dennoch immer einen gewissen Aufwand. Sie müssen sich um die Web-Adresse kümmern (die in der Regel separat erneuert werden muss), tragen die Kosten für das Webhosting selbst und für E-Mail-Postfächer. Schon bei der Auswahl sollten Sie aufpassen, dass beispielsweise das Einbinden von Multimedia-Inhalten von Online-Videos oder Tweets in die Blogs-Posts funktioniert. Einen Blog alleine zu betreiben, heißt natürlich auch, dass Sie diesen alleine bewerben müssen. Einen neuen Blog im Netz nimmt zunächst niemand wahr. Dazu schauen wir uns aber einige Werbestrategien im nächsten Kapitel an. Prinzipiell gilt: Alleine bloggen bringt einen beträchtlichen Mehraufwand mit sich. Wenn Sie als einsamer Wolf bloggen, gibt es aber auch Vorteile. Vor allem der, dass Sie selbst die Kontrolle über den redaktionellen Ablauf haben. Und einen solchen sollten Sie in jedem Fall definieren, damit Sie wissen, welche Schritte Sie von der Idee bis zum publizierten und beworbenen Blog-Post durchlaufen müssen.

Die bessere Alternative zum Start ist der Einstieg in ein bestehendes Blog-Netzwerk. Das heißt in der Regel, dass Sie einen eigenen Blog in einem

© Der/die Autor(en), exklusiv lizenziert durch Springer Fachmedien Wiesbaden GmbH, ein Teil von Springer Nature 2020
M. W. Angler, *Journalistische Praxis: Science Blogging*, essentials,
https://doi.org/10.1007/978-3-658-32089-8_5

bestehenden Netz aus bunt gemischten Blogs erhalten, wie in einem Medienhaus,
das mehrere Zeitschriften veröffentlicht. Ihr Blog ist eine dieser Zeitschriften. Ich
habe zwar ursprünglich als Tech-Blogger und Einzelkämpfer angefangen, aber
nach meinem Einstieg als Wissenschaftsjournalist schnell erkannt, dass sich die
Arbeit mit einem Einzelblog schnell sehr anhäuft. Meistens ist es ja so, dass
Bloggen per se kein oder nur wenig Geld abwirft. Der populäre Wissensblog
Small Pond Science etwa hat mehr als eine halbe Million Seitenaufrufe pro Jahr.
Der Blog läuft werbefrei. Sein Betreiber hat ausgerechnet, dass er mit Werbung
maximal zwischen 10.000 und 20.000 US$ erwirtschaften könnte (Brown und
Woolston 2018). Also habe ich mich mit einer neuen Blogidee zuerst bei *Wired
USA* beworben. Die Technik- und Wissenschaftszeitschrift wollte zu diesem Zeitpunkt ihr Wissenschaftsblognetzwerk ausbauen. In einer Online-Ausschreibung
suchte die damalige Chefredakteurin Betsy Mason nach neuen Blogideen. Um
herausfiltern zu können, welche Vorschläge eine Perspektive haben, ließ sie alle
Bewerber ein Formular mit einer Art Planungsspiel ausfüllen. Ich reichte meinen Vorschlag *AlgoWorld* ein, ein Blog, der untersucht, wie Algorithmen unser
tägliches Leben beeinflussen. Ich schaffte es damit zwar in die engere Auswahl aber danach war Schluss. *Wired* war einige der wenigen Publikationen,
die ihre Blogger auch bezahlten. Rückschläge gehören bei jeder Form von Pitches zum Geschäft. Davon ließ ich mich nicht abwimmeln, überarbeitete den
Vorschlag etwas und schlug ihn dann dem Wissensblog-Netzwerk SciLogs.com
vor, das von *Nature* und *Spektrum der Wissenschaft* unterstützt wurde. Die neue
Chefredakteurin dort war Paige Jarreau (damals Brown). Von ihr habe ich viel
gelernt; als erstes, wie bereits vorhin erwähnt, dass mich die Gemeinschaft herzlich aufgenommen und beim Start sehr unterstützt hat. Meine Kollegen haben mir
beim Bewerben der Blog-Posts geholfen, haben über ihre Twitter- und Facebook-
Kanäle meine Posts beworben und mir nicht nur praktische Tipps aus ihrem
Erfahrungsschatz gegeben, sondern auch Einblick in ihre Statistiken gewährt.
Meinen Einstieg ins Wissens-Blogging markierte aber ein Gastbeitrag in Jarreaus eigenem Blog *From The Lab Bench*. Genau das ist mein Tipp für Ihren
bestmöglichen Einstieg ins Wissens-Blogging:

Verfassen Sie Gastbeiträge, um ins Wissenschaftsblogging einzusteigen. Das
hat gleich mehrere Vorteile. Ein existierender Blog hat in aller Regel schon eine
Leserschaft. Damit erreichen Sie bereits beim Start wesentlich mehr Menschen,
als das je mit einem Einzelblog zu Beginn möglich wäre. Manche Blogs und
Online-Publikationen stellen Ihnen erfahrene Redakteure zur Seite (wie beispielsweise *The Conversation,* übrigens ein sehr guter Ausgangspunkt, um mit dem
Online-Schreiben als Wissenschaftler zu beginnen), die Ihnen beim Eindampfen

der Idee, beim Aufbau der Struktur und bei der Stilfindung helfen. Dasselbe gilt natürlich auch für die Verbreitung der Blog-Posts. Ganz davon zu schweigen, dass Sie sich nicht darum kümmern müssen, zuerst durch den ganzen logistischen Aufwand gehen zu müssen, einen Blog von Null auf aufzubauen. Nebenbei gibt es.

Um das „Wo" endgültig zu beantworten, empfehle ich: Starten Sie, wann immer sich die Möglichkeit bietet, mit Gastbeiträgen. Auf diese Weise können Sie in einen Wissensblog hineinschnuppern, ohne sich gleich dem gesamten Aufbau eines Blogs verschreiben zu müssen. Das ganze Drumherum fällt dabei als erst einmal weg. Das Planungsspiel können und sollten Sie trotzdem für jeden einzelnen Beitrag durchspielen. Durch die Zusammenarbeit mit anderen Autoren, Bloggern und Redakteuren bietet Gast-Bloggen unzählige Lernmöglichkeiten. Machen Sie so etwas öfter, bauen Sie sich schnell eine treue Leserschaft auf. Außerdem bekommen Sie so schon vor dem Gründen eines eigenen Blogs Publicity für Ihre Texte und Ihren Stil (Brown und Woolston 2018). Sogar, wenn Sie schon einen eigenen Blog haben, sollten Sie hie und da Gastbeiträge für andere Blogs schreiben. Das stärkt nicht nur Ihre Reichweite und gewinnt neue Leser, sondern damit wächst auch Ihr Netzwerk an Wissensbloggern.

Ist ein Text erst einmal geschrieben und gibt es eine Plattform dafür, gilt es darüber nachzudenken, wann er am besten raus darf. Zumindest über die Häufigkeit haben Sie sich schon während des Planungsspiel Gedanken gemacht.

Jetzt geht es darum, den optimalen Veröffentlichungszeitpunkt dafür zu finden. Marketingguru Neil Patel empfiehlt als optimalen Publikationszeitpunkt den Montagmorgen um 11 Uhr (Patel 2011). Wann genau der beste Zeitpunkt ist, hängt natürlich von Ihrem Publikum ab. Für Leser, die einer Schreibtischarbeit nachgehen, ist der Wochenanfang in jedem Fall die beste Lösung. Seien Sie dabei auch pragmatisch und achten Sie auf alltägliche Faktoren. Publizieren Sie nicht an Wochenenden und Feiertagen, und zwar immer aus der Perspektive Ihrer Leser. Dies sind nur Startwerte. Genauen Aufschluss werden Ihnen die Statistiken geben, nachdem Sie erst einmal ein paar Beiträge gepostet haben.

Für die Leser unseres Wissensblognetzwerkes ist der optimale Zeitpunkt Montag-, Dienstag- und Mittwochvormittag. An Nachmittagen fällt die Kurve der Leser sichtbar ab. Donnerstag- und Freitagvormittag sind bereits wesentlich weniger besucht, und von Freitagmittag bis Montagmorgen gibt es nur eine sehr geringfügige Leserschaft. Diese Statistiken schauen wir uns immer wieder ab, aber über die Monate und Jahre haben sie sich so eingependelt. Unsere besten Publikationsmomente, unsere „Prime Time" sind die Vormittag von Montag bis

Abb. 5.1 Das
Planungswerkzeug in
WordPress. (Quelle: Martin
Angler|WordPress)

Mittwoch. Je nach Blog kann sich das aber unterscheiden und ist nicht unbedingt homogen im gesamten Netzwerk. Wir haben beispielsweise Blogs, die vor allem die Lokalbevölkerung ansprechen. Die Beiträge dort entstehen dementsprechend auf Deutsch und Italienisch. In der Woche vom 15. August, in dem jedes Jahr praktisch ganz Italien in den Sommerurlaub fährt, publizieren wir in aller Regel nicht. Falls doch, schicken wir da nicht unsere besten Stücke raus, sondern sparen sie uns für bessere Momente auf. Nachts ist ebenfalls kein Zeitpunkt, an dem wir posten. Die Leserschaft sinkt da praktisch auf Null. Patels Annahmen bestätigen sich also, zumindest in unserem Fall. Warum gerade der späte Vormittag? Es gibt verschiedene Mutmaßungen darüber, allerdings nur wenig akademisches Material, das eindeutige Rückschlüsse zulässt. Was wir aber immer wieder beobachten (und mir ist klar, dass das bestenfalls als nicht-wissenschaftliche anekdotische Evidenz gilt), ist, dass viele Leser am Montagmorgen zuerst mit der angehäuften und übrig gebliebenen Arbeit der letzten Woche beginnen und ihre überhäufte Mailbox anpacken. Danach steht in der Mitte des Vormittags bei den meisten eine Kaffeepause an, und nachher, am späten Vormittag, aber noch vor der Mittagspause, scheint dann etwas Zeit für Blogs und Social Media vorhanden zu sein. Keine medienwissenschaftliche *Rocket Science*-Erklärung, aber sie geht zumindest bei unserem Publikum auf.

Nicht nur wann, sondern auch wie Sie publizieren, ist von Bedeutung. Im einfachsten Fall sitzen Sie vor dem Schirm und drücken auf „Publish", und der Text steht im Netz. Damit Sie nicht jedes einzelne Mal zum Publikationszeitpunkt vor dem Rechner sitzen müssen, gibt es Planungswerkzeuge („Scheduling Tools") in den meisten *Content Management Systemen (CMS)*, also interaktiven Webseiten zum Publizieren von Artikeln, wie etwa *WordPress* oder *TYPO3*. Dort können Sie mittels eines Kalenders festlegen, wann das Stück publiziert werden soll und es dann entsprechend planen (siehe dazu Abb. 5.1). Derartige Werkzeuge finden Sie auch für Social Media-Anwendungen. Facebook etwa hat mehrere Werkzeuge zum zeitversetzten und geplanten Publizieren von Beiträgen bereits eingebaut. Wenn Sie mehrere Kanäle verwenden, sollten Sie sich den Einsatz spezialisierter Planungswerkzeuge überlegen, wie beispielsweise *Hootsuite* oder *Sproutsocial*. Die erlauben es, verschiedene Kanäle einzubinden und mit einem zentralen Kalender alle geplanten Social Media-Posts einzuplanen und automatisiert zu verschicken. Jeder professionelle Ablauf sollte solche Werkzeuge einsetzen.

Ist Ihr erster Text erst einmal verschickt, passiert in der Regel: nichts. Wenn Sie einen neuen Blog ins Netz stellen, weiß die Welt nichts davon. Und die Konkurrenz ist enorm. Sie müssen also wie jeder gute Unternehmer denken und auch Werbung einplanen, Artikel auffindbar sind. Ihre Leser können Sie entweder per Google-Suche (ich weiß, ich verwende meistens Google anstelle von „Suchmaschine", aber in puncto Marktpräsenz ist die Alphabet-Suchmaschine konkurrenzlos) finden (organische Suche) oder per Facebook, Twitter, Instagram oder sonstigen sozialen Netzwerken (Social Media-Vermittlung).

Wie können Sie Ihren Blog leichter auffindbar machen? Um die organische Suche Ihrer Texte zu verbessern, führt kein Weg an suchmaschinenoptimiertem *(SEO)* Schreiben vorbei. Die Algorithmen der Suchmaschinenbetreiber sind nicht öffentlich zugänglich. Eine Einflussnahme ist daher nur bedingt möglich. Ein paar Faktoren sind aber klar. Dazu gehört die Tatsache, dass Code und künstliche Intelligenz immer noch schlecht darin ist, Sarkasmus, Ironie, Zynismus und generell rhetorische Figuren zu verstehen. Metaphern und Gleichnisse sind auch nicht gerade Googles Stärken. Und online gilt: Wer gefunden werden will, muss nach der Pfeife der Algorithmen tanzen. Allein durch den Einsatz der Metapher im vorherigen Satz würde dieser Text wohl eher bei einer Suche nach „Pfeife" oder „tanzen" unter den Suchresultaten zum Vorschein kommen. Es ist also wichtig, beim Verfassen der Texte Klarsprache zu verwenden. Treffende und eindeutige Nomen und Verben sind für Suchmaschinen mehr wert als Wortspiele oder Metaphern (Abb. 6.1).

Diese Schlüsselwörter sollten Sie so oft es geht in ihren Text integrieren. Wenn Sie etwa einen Text über „Covid-19" schreiben, sollte dieser Begriff im Titel, im Lauftext (am besten schon im ersten Absatz) und zumindest in einer

© Der/die Autor(en), exklusiv lizenziert durch Springer Fachmedien Wiesbaden GmbH, ein Teil von Springer Nature 2020
M. W. Angler, *Journalistische Praxis: Science Blogging*, essentials,
https://doi.org/10.1007/978-3-658-32089-8_6

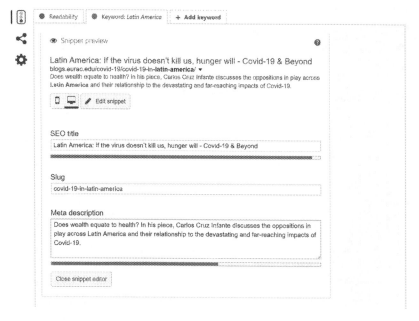

Abb. 6.1 Yoast. (Quelle: Martin Angler|Yoast)

Zwischenüberschrift vorhanden sein. Es geht darum, dass Sie durchgängig denselben Begriff verwenden. Je häufiger die Frequenz, umso mehr Gewicht erhält der Begriff. Deshalb sollten Sie auch Textmöglichkeiten wie den *Alternative Text (Alt-Text)* von Bildern dafür nutzen und diesen mit Schlüsselwörtern vollpacken. Ursprünglich wurden Alt-Texts eingeführt, damit Maschinen Bilder sehbehinderten Menschen vorlesen können. Sie spielen aber auch eine wichtige Rolle bei der Bewertung der Relevanz. Sucht jemand nach einem bestimmten Begriff, sucht Google den für den Suchenden relevantesten Pool and Resultaten. Die Relevanz ergibt sich aus dem Text selbst, aber auch aus dem Standort des Nutzers, der Webseite selbst, auf der der Artikel steht (langjährige Adressen), der Anzahl von Links auf anderen Webseiten, die auf den Blog verweisen (je bekannter diese Webseiten sind, umso besser) und noch vielem mehr. Sogar die Formatierung spielt eine Rolle. Titel und Untertitel mit den richtigen HTML-Tags (h1 bis h6) haben ein höheres Gewicht als Erwähnungen im Lauftext. Fett markierte Begriff im Lauftext sind für Suchmaschinen wichtiger als normale. Es gibt hunderte solcher Faktoren.

Sie alle aufzuzählen, wäre Wahnsinn. Vor allem sollten Sie eines nicht vergessen. Verfallen Sie nicht dem SEO-Optimierungswahn. Sie holen bestenfalls die Hälfte ihrer Leser bei Suchmaschinen ab. Der Rest kommt über Social Media auf Ihre Seite. Und das wichtigste Prinzip: Sie schreiben für Menschen, nicht (nur) für Maschinen. Inhalte werden über Menschen verbreitet, die Werkzeuge sind dabei eben nur genau das: Werkzeuge. MIT-Forscher haben in einer Studie von 2018 herausgefunden, dass der Großteil falscher Nachrichten auf Twitter von Menschen verbreitet wird und nicht, wie bisher angenommen, von Bots. Um Ihr Leben in puncto SEO zu vereinfachen, gibt es mittlerweile gute SEO-Tools, die sich als Plug-Ins direkt auf die Artikelseite integrieren und den Text auf Länge und Schlüsselwortkonzentration hin überprüfen. Eines davon ist das Freemium-Plug-In „Yoast SEO for WordPress". Es bindet sich so in WordPress ein, dass automatisch unter jedem Artikel angezeigt wird, ob Textkriterien wie Länge, Nennung eines primären Schlüsselwortes im Titel, Titellänge, Absatzlänge und vieles mehr automatisch erkannt wird. Je nachdem, wie gut der Text in Sachen SEO abschneidet, zeigt das Plug-In eine grüne, gelbe oder rote Ampel an. Damit aber nicht genug. Über Yoast lässt sich auch festlegen, wie der Titel und Vorschautext auf Google aussehen soll. Auch hier zeigt Yoast per farbigem Balken an, ob der Text lang genug oder zu lange ist. Dieser Teil ist besonders wichtig, da die Nutzer anhand dieses Textes später auswählen, ob sie auf den Artikel klicken oder nicht. Diese Art von Suchmaschinenoptimierung müssen Sie in jedem Fall vornehmen.

Genauso wichtig ist es, dass Sie Ihre Text per Social Media bewerben. Da Platz begrenzt ist und ich großen Wert auf mein „Select and Reject"-Prinzip lege, geht es hier in der Folge ausschließlich um Facebook – auch aus dem einfachen Grund, dass die meisten unserer Social Media-getriebenen Seitenaufrufe Auf Facebook bietet sich in jedem Fall das Erstellen einer eigenen Seite dafür an. Die ist relativ schnell eingerichtet. Was Sie auf jeden Fall parat haben sollten, ist ein Logo für Ihren Blog. Und ein Header-Bild. Haben Sie kein Budget zur Verfügung, ist viel Handarbeit angesagt, um überhaupt ein Publikum für Ihre Facebookseite zu finden. Davor sollten Sie die Seitekomplettfertigstellen. Dazu gehört:

- Profilbild
- Titelbild
- Adresse, Standort
- Kontaktinformationen: E-Mail, Telefonnummer
- Klingende URL: z. B. www.facebook.com/scienceblog
- Ersteveröffentlichte Facebook-Posts

Haben Sie bereits ein gutes Netzwerk an Personen, sollten Sie nach der Fertigstellung der Seite und den ersten Facebook-Posts anfangen, Ihre Facebook-Freunde einzuladen, die Seite mit „Gefällt mir" zu markieren.

Facebook-Posts folgen eigenen Regeln Die wichtigsten davon finden in diesem Essential problemlos Platz. Jeder Blog-Post sollte einen zugehörigen Social Media-Post haben, für jede Plattform. Jeder Post, egal auf welcher Plattform, braucht ein aussagekräftiges und eindeutiges Bild, das keinen Spielraum für Interpretationen lässt. Stellen Sie sich vor, dass die meisten Nutzer die Bilder nur im Vorbeiscrollen und in kleiner Auflösung auf ihren Smartphones sehen. Wenn Sie da ein überfülltes Bild im Post platzieren, dessen Subjekt mit freiem Auge nicht mehr erkennbar ist, klickt kein Mensch darauf. Bitte achten Sie dabei auf die Bildrechte. Sie dürfen nicht einfach jedes beliebige Bild verwenden, auch wenn es schon anderswo veröffentlicht wurde. Im Gegenteil: Gehen Sie in jedem Fall davon aus, dass das Bild Urheberrechte hat, und versuchen Sie herauszufinden, welche Lizenz gegebenenfalls dranhängt. Manche erlauben die freie Verwendung (Public Domain-Bilder etwa) ohne Nennung der Autoren, andere unterscheiden granular anhand des Verwendungszwecks (beispielsweise kommerziell im Gegensatz zu nicht-kommerziell). Lesen Sie sich die Lizenzen genau durch und Es gibt genau zwei Kriterien, die entscheiden, ob ein Nutzer auf einen Post klickt und damit den Artikel auf dem zugehörigen Blog öffnet: das Bild und den Begleittext. Der Begleittext sollte idealerweise zwischen 40 und 80 Zeichen lang sein. Das sind gerade einmal zwei kurze Sätze. Verzichten Sie auf Jargon und Schachtelsätze. Setzen Sie stattdessen auf eine der kompaktesten Storytelling-Techniken, die es gibt: Problem und Lösung (wir hatten diese Technik bereits in Kap. 4). Achten Sie darauf, wie viele Facebook-Posts mit dieser Formel gebaut sind. Gerade für Wissenschaft bietet sie sich an. Sie können aber jede Abwandlung davon, inklusive der ABT-Technik anwenden. Experimentieren Sie. Stellen Sie eine Frage. Rufen Sie Ihre Leser dazu auf, zu kommentieren: Bitten Sie sie darum, das Post-Bild zu untertiteln. Fragen Sie sie nach ihrer Meinung. Sie können aber auch ganz gezielt Spannung einsetzen, indem Sie nur einzelne Story-Elemente einbauen. Etwa den Protagonisten und sein Problem. Oder indem Sie narrative Kausalität so verwenden, dass Sie in einem Satz eine Folge des Artikels beschreiben. Genauso gut können Sie die Ursache eines Phänomens beschreiben.

Achten Sie auch darauf, wann Sie auf Facebook posten. Diese Zeiten unterscheiden sich etwas von den Blob-Publikationszeiten. Elizabeth Arens etwa schreibt, dass der ideale Zeitpunkt, um auf Facebook zu posten mittwochs um 11 Uhr vormittags und zwischen 13 und 14 Uhr nachmittags ist. Der schlechteste

Tag dagegen ist der Sonntag (Arens 2020). Ein ähnlicher Leitfaden auf *Buffer* nennt alle Wochentage von 13 bis 15 Uhr als idealen Zeitpunkt, um Facebook-Posts zu veröffentlichen. Donnerstags und freitags sei die Wahrscheinlichkeit, dass Nutzer mit den Beiträgen interagieren, um 18 % höher (Read 2019). Solche Vorschläge sind ein angenehmer Startpunkt, aber folgen sie ihnen nicht blind. Stattdessen sollten Sie auf der Facebookseite Einblick in die Statistiken Ihrer Seite *(Insights)* nehmen und Ihre Leser studieren. Dort finden Sie Statistiken über vordefinierte Zeiträume (beispielsweise die letzten 7, 30 oder 90 Tage). Beantworten Sie für sich folgende Fragen: Wann liest das Publikum die Posts? Welche Themen finden den höchsten Anklang? Wann interagieren die Leser am häufigsten mit den Posts? Anschließend können Sie Ihre Veröffentlichungszeitpunkte entsprechend anpassen. Für unsere Blogs haben wir besonders zu Beginn diese Zeitpunkte regelmäßig nach einem Blick auf die Statistiken angepasst. Mittlerweile hat sich unsere Leserschaft so eingependelt, dass derartige Anpassungen nur noch selten nötig sind. Ein letzter Promotion-Tipp noch:

***Blog Directories* helfen Ihnen bei der Verbreitung Ihrer Blogbeiträge.** Diese Online-Verzeichnisse sammeln die Beiträge aus verschiedenen Blogs, kuratieren sie und bewerben sie auf ihren Webseiten, in Newsletters und auf ihren Social Media-Kanälen. In der Regel müssen Sie dazu ein Formular ausfüllen, in dem Sie beschreiben, worum es in Ihrem Blog geht, welche Zielgruppe er hat und wie häufig Sie posten. Hier macht sich also wieder das ausgeführte Planungsspiel bezahlt. Das bekannteste Wissenschafts-Blog-Directory ist *ScienceSeeker.* Daneben gibt es je nach Blog-Thema viele weitere Blog-Verzeichnisse. Es gilt aber immer das Interaktionsprinzip: Schreiben Sie für andere, lassen Sie andere für sich schreiben, interagieren Sie mit Ihren Lesern per Kommentarfunktion (die Sie am besten als Facebook-Funktion in Ihren Blog mit einbinden sollten) oder auf den Social Media. Im Lauf der Zeit wird das wesentlich mehr Seitenaufrufe bringen als viele andere Maßnahmen. Schließlich sind Blogs, genau wie Wissenschaft, ein zutiefst menschliches Unterfangen.

Was Sie aus diesem *essential* mitnehmen können (fünf aussagekräftige Bullet Points)

- Wie Blogs Wissenschaft näher an die Gesellschaft bringen
- Warum und wie Sie Blogs planen müssen
- Wie Sie Blog-Posts aufbauen können
- Wann der beste Zeitpunkt zum Publizieren ist
- Wie Sie Blog-Posts bewerben können

© Der/die Herausgeber bzw. der/die Autor(en), exklusiv lizenziert durch Springer
Fachmedien Wiesbaden GmbH, ein Teil von Springer Nature 2020
M. W. Angler, *Journalistische Praxis: Science Blogging,* essentials,
https://doi.org/10.1007/978-3-658-32089-8

Literatur

Angler, M.W. (2020a). *Telling Science Stories.* London: Routledge.

Angler, M.W. (2020b). *Science Storytelling.* Wiesbaden: Springer.

Angler, M.W. (2017). *Science Journalism: An Introduction.* London: Routledge.

Arens, E. (2020) The best times to post on social media in 2020. Sproutsocial. https://spr outsocial.com/insights/best-times-to-post-on-social-media/#fb-times. Zugegriffen: 20. Juli 2020.

Brown, E. & Woolston, C. (2018) Why science blogging still matters. Nature, vol. 554 (2018).

Galtung, J., und Ruge, M.H. (1965). *The structure of foreign news: The presentation of the Congo, Cuba and Cyprus crises in four Norwegian newspapers. Journal of peace research* 2 (1): 64–90.

Göpfert, W. (2019). Wissenschafts-Journalismus (6. Auflage). Wiesbaden: Springer.

Hooffacker, G. (2020). Online-Journalismus (5. Auflage). Wiesbaden: Springer.

Jarreau, P. B. (2015). All the Science That Is Fit to Blog: An Analysis of Science Blogging Practices. LSU Digital Commons (Dissertation). https://digitalcommons.lsu.edu/gradsc hool_dissertations/1051/. Zugegriffen: 21. Juli 2020.

Jarreau, P. B., & Porter, L. (2018). Science in the social media age: profiles of science blog readers. Journalism & Mass Communication Quarterly, vol. 95, no. 1, 142–168.

Mahrt, M. & Puschmann, C. (2013). Science blogging: An exploratory study of motives, styles, and audience reactions. Journal of science Communication, vol. 13, no. 3, A05

Mewburn, I., Thomson, P. (2013). Why do academics blog? An analysis of audiences, purposes and challenges. Studies in Higher Education, vol. 38, no. 8, 1105–1119.

Patel, N. (2011). The Science of Social Timing. NeilPatel.com. https://neilpatel.com/blog/ science-of-social-timing/. Zugegriffen: 21. Juli 2020.

Read, A. (2019) Best Time to Post on Facebook: A Complete Guide. Buffer. https://buf fer.com/library/best-time-to-post-on-facebook/. Zugegriffen: 20. Juli 2020.

Uhler, C. und Shivashankar, G.V. (2020). Warum trifft Covid-19 ältere Menschen stärker als jüngere? Zukunftsblog (ETH Zürich). https://ethz.ch/de/news-und-veranstaltungen/ eth-news/news/2020/04/zukunftsblog-uhler-shivashankar-warum-trifft-covid-19-aeltere-mensche-staerker-als-juengere.html. Zugegriffen: 14. Juli 2020.

Yong, E. (2016). Building an Audience for Your Blog. In: Wilcox, C., Brookshire, B. & Goldman, J. G. (2016). Science Blogging. Yale University Press, 41–49.

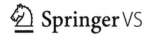

Printed in the United States
By Bookmasters